◆ l'alphabet アルファベット (005)

◆ les mois 月 (006)

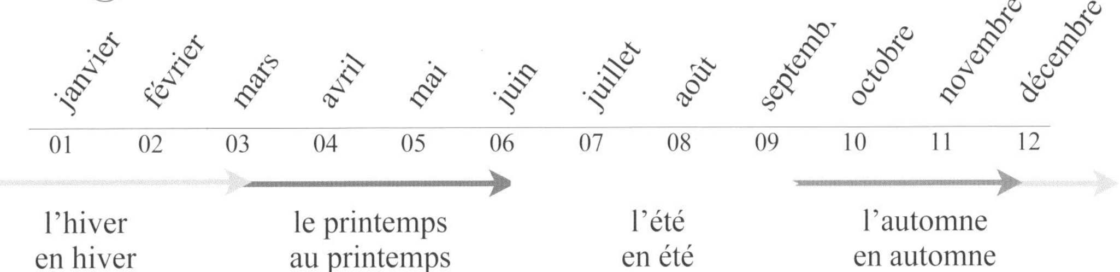

Nous sommes le jeudi 20 avril.

◆ les jours 曜日 (007)

AVRIL

lundi	mardi	mercredi	jeudi	vendredi	samedi	dimanche
1	2	3	4	5	6	7
8	9	10	11	12	13	14
15	16	17	18	19	20	21
22	23	24	25	26	27	28
29	30	31				

(009) ◆ les mots interrogatifs 疑問詞

Quand ? いつ

Qui ? 誰

Quoi ? 何

Où ? どこ

Comment ? どうやって

Pourquoi ? なぜ

Combien ? どれぐらい、いくら

◆ les couleurs 色 (008)

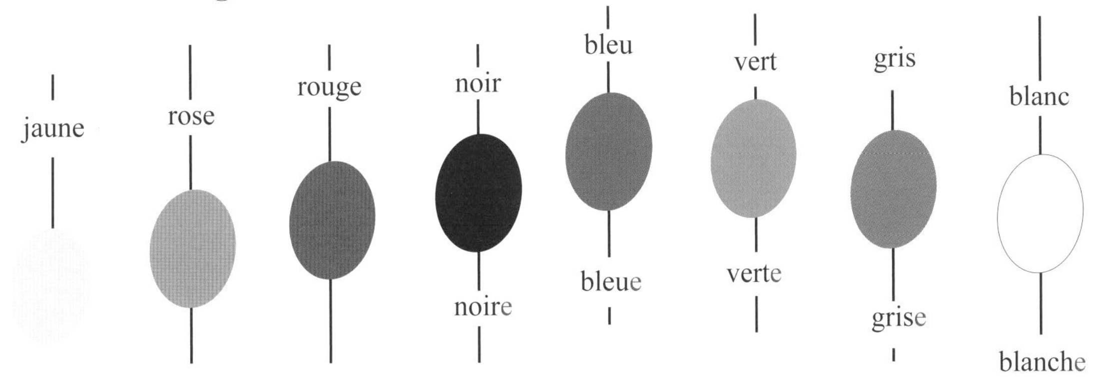

troisième édition

Méthode de français

Vincent Durrenberger

SURUGADAI-SHUPPANSHA

音声について

本書の音声は，下記サイトより無料でダウンロード，
およびストリーミングでお聴きいただけます．

https://stream.e-surugadai.com/books/isbn978-4-411-01146-6/

弊社 HP から『フランス語の方法　三訂版』を検索し,「音声無料ダウンロード & ストリーミング専用サイトはこちら」からも同ページにアクセスできます．

＊ご注意

- PC およびスマートフォン（iPhone や Android）から音声を再生いただけます．
- 音声は何度でもダウンロード・再生いただくことができます．
- 当音声ファイルのデータにかかる著作権・その他の権利は駿河台出版社に帰属します．無断での複製・公衆送信・転載は禁止されています．

下記の教科書専用ウェブサイトには
https://cadistance.com/mdf/

- 発音付きの語彙
- 文法の説明
- 翻訳付きのモデル文
- オンライン練習問題
- フランス語の上達に役立つビデオ

があります．学習にお役立てください．

Avant propos

Méthode de françaisは全くの初心者向けの教材です。この教材は文法とコミュニケーションの基礎が無理なく少しずつしっかり身に付くよう構成されています。学習者がなるべく間違えずに話せるように、フランス語の論理的な側面を強調し、例外についてはほとんど触れていません。したがって授業中に導入するかどうかは、クラスのレベルに合わせて、教師が判断することができます。フランス語を学習したことの無い日本人でも理解できるような単語（café、chocolat など）も積極的に取り入れ、特に４課に多く出てきます。数字は無理なく身につけられるよう、教科書の初めから終わりまで少しずつ順番に出てきます。

「クラスで使う言葉」のページはできれば少しずつ導入することをお薦めします。学習を始めて１ヶ月程度経ったら、毎回授業の前に練習しましょう。そうすることで学習者はだんだん使えるようになります。**「ウォーミングアップ！」**のページは毎回授業の始めに練習するのがいいでしょう。まだ授業で習っていないボキャブラリーも含め、全部でも、一部でも構いません。

以降各課は８ページで構成されています。

導入のページ

初めの見開き２ページでは、ボキャブラリーと新しい文法事項を簡単な例文を使って導入しています。教科書の前半では、毎回小さな会話形式になっており、学習者がグループになって練習できるようになっています。いくつかの課（6、7、8課）では、教科書は閉じて練習することをお勧めします。9課以降はマンネリを避けるために形式が少し変わり、旅行の際などに使えるような表現（カフェで、市場で買い物をする、パン屋さんで、道を尋ねる、駅で切符を買う）が出てきたり、テキストの形式になっているものもあります。これらページの両端には、文法のポイントが記され、それぞれ課末の文法のまとめ（le わからん）に対応するようになっています。

Activitésのページ

このページには導入の２ページで出て来た文法事項とボキャブラリーがもう一度出てきます。新しい単語が出てくることは滅多にありませんが、３課と６課ではあえて学習者に教科書の初めにある「クラスで使う表現」を使って教師に質問させるため、初めて出てくる単語も混ぜてあります。

練習問題のページ

練習問題は宿題として出してもいいですし、授業中に復習として使ってもいいでしょう。

“le わからん”と“la page culturelle”のページ

これらのページは学習者が一人でも読める、フランスの文化、社会に関するテキストや文法事項の説明です。授業中に扱う必要はありませんが、中には授業で使えるものももちろんあります。

課の最後のページ

これらのページは復習や、ゲーム、文法のまとめです。２課の“on va plus loin” 以外は、もしも時間が足りない、もしくはクラスのレベルが追いついていないという場合は、扱う必要はありません。

外国語を学ぶ楽しさの１つはやはりコミュニケーションができるようになることだと思います。本書では、ボキャブラリーを必要最小限に抑え、基本的な文法事項は簡単な会話形式で導入し、繰り返し練習することで、フランス語の基本が楽しく、かつ効果的に身に付くよう工夫したつもりです。これからフランス語を学び始めようとする方々が「フランス語は難しい」という印象を持つこと無く、「フランス語は楽しい」と思いながら学習を続けていって頂けるなら、我々にとって最高の喜びです。

改訂に際し、新たに発音のためのページを加え、さらに巻末にはAnnexesとして、文法補遺、documents authentiques、lexiqueを加えました。

著　者

La table des matières

leçon	page	acte de parole	grammaire	phonétique
7	58	物を描写する 物の位置を聞く 質問に答える（複数形） 物の色を聞く 着ている物について話す	色を表す形容詞 形容詞の複数形 否定文での不定冠詞 et の使い方 à ＋人称代名詞強勢形を使った所有の表現 指示形容詞（ce / cet / cette / ces） avoir の使い方 (1)	男性形 / 女性形 [v] / [b] の対比 リズムとイントネーション (2)
8	66	物の位置関係を言う	位置を表す語（devant / derrière / sous） 冠詞の縮約 形容詞の位置 数、量を聞く表現 oui / non / si avoir の使い方 (2)	[y] / [u] の対比 sur / sous の対比
9	74	カフェで注文する 市場、パン屋などで買い物をする 数字（100 ～ 1000）	代名詞 en je voudrais ＋名詞	アンシェヌマン (y / en)
10	82	食生活について話す 統計について話す	部分冠詞 量を表す表現 en ＋否定形 il faut ＋名詞（～が必要です） prendre 動詞およびその派生形の活用	主な食べ物の発音 [u] [ø/ə] の対比
11	90	国について話す 天気を言う	地名につける前置詞（à / en / au / aux） je voudrais ＋不定詞	主な国や 首都の発音 [r] / [l] の対比
12	98	誰が、どこへ、いつ、なぜ、どうやって行くか言う 道を尋ねる 数字（10 万まで）	動詞 aller の活用 en ＋交通手段 pour ＋不定詞（～するために） 代名詞 y 曜日	droit /droite の対比
13	106	時刻を言う 電車の切符を買う	動詞 partir の活用 主語と動詞の倒置による疑問文 序数	6/16, 4/14 の発音の対比
14	114	一日にすることを話す（現在形） 何かを提案する、誘いを受ける、断る	代名動詞 de ... à ...（～から～まで） 頻度を言う表現 動詞 vouloir / devoir / pouvoir	[ɛ] / [e] の対比
15	122	一日にしたことを話す（過去形）	複合過去形（助動詞 être / avoir） 複合過去形の否定形 c'était ＋形容詞	ils ont / elles ont ils sont / elles sont

INTRODUCTION

(010) よく聞いて繰り返しましょう **MODÈLE 1**
Écouter et répéter.

挨拶の時
Moi, c'est …
私は○○です

Je m'appelle…
私は○○と申します

Bonjour !
こんにちは

Enchanté !
はじめまして

Merci !
ありがとう

Ça va ?
大丈夫？

Oui.
はい

Au revoir !
さようなら

Non.
いいえ

MODÈLE 2 アルファベットを聞いて繰り返しましょう (011)
Écouter et répéter.

A E I J Gは特に気をつけましょう

accent aigu : é
accent grave : è à ù
accent circonflexe : â û î ô ê
tréma : ï ë
cédille : ç
apostrophe : l'

❶ 例にならって会話をしましょう (012)
Parler selon le modèle.

Mona Vatanabe ?

Non, Watanabe.
W.A.T.A.N.A.B.E

❷ 街の名前を聞いて書きましょう (013)
Écouter et écrire.

Exemple : O.R.L.É.A.N.S

a. ______________ c. ______________

b. ______________ d. ______________

「フランス」と聞いて何を思い浮かべますか？
«La France » vous fait penser à quoi ?

Ça va ?
大丈夫？

PRONONCIATION

❶ よく聞いて繰り返しましょう (014)
Lire les mots ci-dessous.

➜「*A - I - O - É - Y*」は「アイオエイ」と読みます。
➜ 最後の文字が「*C R F L*」以外の時発音しません。

a. stylo - **b.** table - **c.** face - **d.** style - **e.** taxi - **f.** smartphone
g. opéra - **h.** mini - **i.** photo - **j.** guitare **k.** koala **l.** animal **m.** téléphone

フランス語では最後の音節を強調します (015)
Accent tonique.

téléphOne (téléphone)　　exercIce (exercice)　　animAl (animal)

❷ よく聞いてから次の言葉を読んでみましょう (016)
Écouter puis lire les mots.

a. possiblc	**b.** appartement	**c.** micro	**d.** restaurant
e. impossible	**f.** document	**g.** intéressant	**h.** national
i. université	**j.** musicien	**k.** animation	**l.** naturel
m. message	**n.** culture	**o.** croissant	**p.** acteur
q. hôpital	**r.** exercice	**s.** tomate	**t.** banane

COMPTER

❶ 数字を繰り返しましょう
Écouter et répéter. (017)

1 un　2 deux　3 trois　4 quatre　5 cinq

- Bonjour.
- Bonjour, **deux cafés,** s'il vous plaît.
- Voilà.
- Merci.

(018)
❷ コーヒーは何杯注文されましたか？
Écouter la commande.
Combien de cafés sont commandés ?

EX.	a	b	c	d
2				

Prononciation

フランス語の発音を学びましょう。聞いて、繰り返しましょう

019

1	母音字 **a** , **à** , **â** , **i** , **î** , **ô** , **o** , **é** は、ほぼローマ字通り [ア] [イ] [オ] [エ] と読みます。 **y** も [イ] と読みます	1. café　2. kiwi　3. stylo
2	**e** は原則として「エ」とは読みません。特に、単語の最後の e を読まないように注意しましょう	1. date　2. tomate　3. banane
3	**u** , **û** は [ウ] ではなく、[y] と発音されます。 [ユ] に近い音。唇を丸く突き出し舌を下の歯につけます	1. minute　2. flûte
4	**e** は⚠ 以下の場合は「エ」([e]/[ɛ]) と読みます	
	a. アクセント記号がついている場合	1. vidéo　2. téléphone
	b. 子音で終わっている 1 音節の単語の **e**	1. les　2. des　3. mes　4. et　5. es　6. est
	c. 子音が 2 つ続く場合、その手前の **e**	1. belle　2. adresse　3. festival ⚠ femme

EXERCICE 1 : （1-4 のまとめ）次の言葉を読みましょう ***Lire***. 020

1. madame　2. cuisine　3. olive　4. face　5. date　6. papa　7. minute
8. pizza　9. poste　10. excuse　11. koala　12. style　13. espace　14. wifi

021

5	語末の子音は基本的には読みません。フランス語の単語には -s、 -x、 -d や -t で終わる単語がたくさんありますが、-s も -t も読みません	1. cas　2. passeport　3. accord　4. prix
6	組み合わせると読み方が変わる母音字があります	
	a. ou は [u] （ウに近い音）と読みます	1. cours　2. camouflage
	b. ai , ei は[ɛ]と読みます	1. air　2. beige
	c. au , eau は[o]と読みます	1. beauté　2. cadeau　3. haute couture
	d. oi は[wa]と読みます	1. voiture　2. fois

EXERCICE 2 : （5-6 のまとめ）次の言葉を読みましょう ***Lire***. 022

1. eau　2. gâteau　3. voiture　4. beauté　5. essai　6. air　7. japonais
8. beige　9. capitaine　10. cours　11. cadeau　12. affaire　13. oiseau　14. couture

023 **7**	1 音節の単語に見られる « e » は、[ə] と発音されます。« e » + 子音 + 母音と続く場合、この « e » は [ə] と発音されます.	1. le 2. je 3. de 4. te 5. menu
8	**e , eu , œu** は [オ] のように唇を丸めてつき出し、舌先は下前歯の裏に押しあてます	1. e 2. le 3. jeu 4. jeudi 5. deux 6. vœu

EXERCICE 3 : （1、4、7、8のまとめ）次の言葉を読みましょう ***Lire***. 024

1. menu 2. jeu 3. deux 4. date 5. jeudi 6. style 7. espace
8. café 9. tomate 10. message 11. merci 12. adresse 13. femme ⚠

025 **9**	« 母音 + n, m » は、鼻に抜ける音になり、これを鼻母音と呼びます。 n, m そのものは読みません。鼻歌を歌う時のように、息を鼻から抜きましょう。鼻母音には3種類あります	1. France 2. Japon 3. pain 4. coupon
10	⚠ « 母音 + n, m» のすぐ後に母音がきたり、N, M が２つ続く場合は、鼻母音ではなくなるので 注意しましょう	1. banane 2. panorama 3. arôme 4. anniversaire
11	**an , en , am , em** : まず [ア] の音を出し、そこから鼻に抜きます。口は丸く大きく開きます	1. orange 2. ensemble 3. lampe
12	**in , im , yn , un , um , ain , ein , eim , ien , éen** : まず [エ] の音を出し、そこから鼻に抜きます。唇は左右に引きます。N, M そのものは読みません	1. un 2. fin 3. pain 4. impossible
13	**on , om** : まず [オ] の音を出し、そこから鼻に抜きます。舌は後ろに、口は丸く小さく開きます。 n, m そのものは読みません。口から外に音を出しきります	1. bonbon 2. bombe 3. maison

EXERCICE 4 : （9 - 1 3 のまとめ）次の言葉を読みましょう ***Lire***. 026

1. ensemble 2. bonbon 3. vaccin 4. point 5. finale
6. maison 7. panda 8. séminaire 9. lampe 10. danse
11. savon 12. mayonnaise 13. finance 14. balance 15. maintenance

027

	不定冠詞		定冠詞	
	男性形	女性形	男性形	女性形
単数	**un**	**une**	**le / l'**	**la / l'**
複数	**des**		**les**	

名詞に冠詞を付けて、読み方を練習しましょう
例：la danse, le pain, l'air, …

Leçon 1 挨拶、自己紹介、名前、職業、国籍、出身

028 よく聞いて繰り返しましょう **MODÈLE 1**
Écouter et répéter.

Moi, c'est
+ 名前 + 姓
+ 名前

Bonjour !
Bonsoir !
Merci !
Au revoir !

Bonjour !
Moi, c'est Arthur.

Arthur

Bonjour !
Moi, c'est Alice.

Alice

029 よく聞いて繰り返しましょう **MODÈLE 2**
Écouter et répéter.

Je suis français.
Je suis étudiant.

Je suis française.
Je suis étudiante.

Je suis
- français.
- japonais.
- étudiant.
- professeur.

語尾の-tと-sは発音しません

Je suis
- française.
- japonaise.
- étudiante.
- professeure.

030 よく聞いて繰り返しましょう **MODÈLE 3**
Écouter et répéter.

je suis **de** + 都市
～出身

Je suis **de** Bordeaux.
Je suis **de** Nice.

Je suis de Nice.

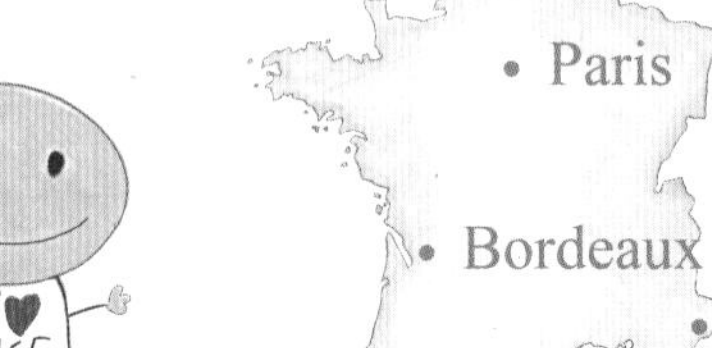

Je suis de Bordeaux.

VOCABULAIRE 国籍 (031)

JAPONAIS - JAPONAISE　　ANGLAIS - ANGLAISE

FRANÇAIS - FRANÇAISE　　CHINOIS - CHINOISE

VOCABULAIRE 職業  (032)

A	B	C	D

employée	**étudiant**	**étudiante**	**professeur**

MODÈLE 4 よく聞いて繰り返しましょう (033)

Écouter et répéter.

et **toi** / **vous** ?

moi aussi

- Je suis étudiant. Et toi ?
- Moi aussi.

- Je suis français. Et toi ?
- Je suis japonaise.

- Je suis de Paris. Et toi ?
- Je suis de Tokyo.

MODÈLE 5 よく聞いて繰り返しましょう (034)

Écouter et répéter.

- Tu t'appelles commment ?
- Moi, c'est Yumi.
- Tu es chinoise ?
- Non, je suis japonaise.
- Tu es étudiante ?
- Oui, et toi ?
- Moi aussi.

Tu t'appelles comment ?

Vous vous appelez comment ?

Je **suis** Tu **es** Vous **êtes**	étudiante étudiant. professeure. professeur.

—Activités—

❶ 例にならって書きましょう *Compléter les bulles selon l'exemple.*

❷ 聞いて、空欄を埋めましょう *Écouter et compléter.* 035

	例	1	2	3	4	5
名前	LUCAS					
国籍	FRANÇAIS			CHINOIS		
職業	ÉTUDIANT		EMPLOYÉE			
出身	PARIS	OSAKA				

❸ 聞こえた方に印をつけましょう 036
Écouter et cocher.

	例	1	2	3	4	5
A	O.U.V ✓	T.V.B	U.U.E	J.P.G	E.I.E	V.B.J
B	O.E.B	T.B.V	E.U.U	G.P.J	I.E.I	B.V.G

❹ 男性形と女性形に注意して聞き、印をつけましょう
Écouter et cocher. 037

	1	2	3	4	5	6
masculin	□	□	□	□	□	□
féminin	□	□	□	□	□	□

❺ 例にならい、名前を訂正しましょう
Parler.

例 - Tu es **Yumi** ?

- Non, **Yuri**, Y.U.R.I

- Ah, **Yuri**. Bonjour, **Yuri**. Moi, c'est Pierre.

例 **Yumi** ⇒**Yuri**
1. **Yuka** ⇒ **Yuki**
2. **Yusuki** ⇒ **Yusuke**
3. **Kotano** ⇒ **Kotaro**
4. **Manama** ⇒**Manami**

Ⓔ Ⓧ Ⓔ Ⓡ Ⓒ Ⓘ Ⓒ Ⓔ Ⓢ

❶ 自己紹介の文を書いてみましょう *Écrire.*

❷ 質問に答えましょう
Répondre aux questions.

1. Tu t'appelles comment ?

⇒ ....

2. Je suis de Paris, et toi ?

⇒ ....

3. Je suis français, et toi ?

⇒ ....

4. Je suis professeur, et toi ?

⇒ ....

5. Tu es suisse ?

⇒ ....

❸ 自己紹介をしましょう
Se présenter.

....

....

....

....

....

....

G R A M M A I R E

le わからん

LE PETIT PRÉCIS GRAMMATICAL

フランス語で自己紹介

まず元気よく Bonjour !「こんにちは」と挨拶しましょう。そして moi, c'est 〈＋名前〉「私は ... です」。 次は国籍と職業です。フランス語では、日本人、フランス人など国籍を言うとき、男性と女性で形が異なります。français（フランス人男性）→ françai**se**（フランス人女性） japonais（日本人男性）→japonai**se**（日本人女性）のように、男性形を基本にし、女性形は最後に e をつけます。étudiant（男子学生）étudiante（女子学生）など職業を表す語も同じです。国籍や職業を言うときには、je suis… の後ろに、話し手の性に合わせた 形をつけます。je は「私」を表します。 je suis de〈＋街の名前〉「... 出身」と続けます。

主語と動詞の活用

je, tu, vous は文の主語となり、その後ろに動詞をつけて使います。動詞は主語に合わせて変化（活用）します。（je）suis,（tu）es,（vous）êtes は全て同じ動詞 être の活用した形です。動詞を用いずに「君は？」「あなたは？」と尋ねる場合や「私も」という場合は、tu, je ではなく、toi, moi となりますが、vous は変わりません。

相手のことを尋ねてみよう

相手の国籍や職業を尋ねるときには、Tu es... ? Vous êtes... ? を使います。国籍や職業を表す語は、相手の性に合わせた形を使うことに注意しましょう。 tu と vous はどちらも話し相手を指しますが、tu は友達や家族など親しい相手、vous は初めて会った人や目上の人、少し距離を感じる人に使います。

やってみよう

/20

Ⓐ 動詞 être を活用させましょう
Conjuguer le verbe « être ».

1. Tu ______ française.
2. Vous ______ japonais.
3. Je ______ anglais.
4. Vous ______ employée.
5. Tu ______ française.

Ⓑ 次の文章のJeは男性形（m）か、女性形（f）か当てはまる方に印をつけましょう
« Je » est masculin ou féminin ?

6. Je suis française. m / f
7. Je suis employé. m / f
8. Je suis employée. m / f
9. Je suis chinoise. m / f
10. Je suis japonais. m / f

Ⓒ 太字の単語を女性形に書き変えましょう
Écrire le mot en gras au féminin.

11. Je suis **français**. → Je suis ____________
12. Je suis **japonais**. → Je suis ____________
13. Je suis **chinois**. → Je suis ____________
14. Je suis **étudiant**. → Je suis ____________
15. Je suis **employé** → Je suis ____________

Ⓓ フランス語にしましょう
Traduire en français.

16. 私（女）は日本人です。
17. 私はパリ出身です。
18. 私（男）は日本人、君は？
19. 私も、あなたは？
20. 私（男）は学生です。

PAGE

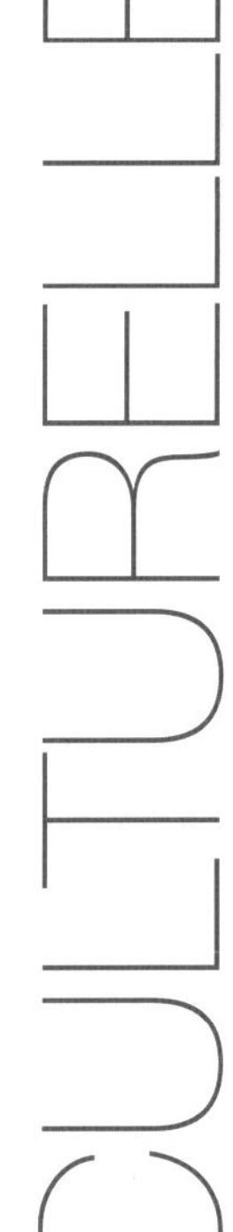

1. Associer les photos et les lieux.
   写真と場所を結びましょう。

Nancy | le jardin de Monet | Chambord

le viaduc de Millau | le Mont Saint-Michel

Reims | le Sacré Cœur | la Tour Eiffel

2. Quels autres sites français connaissez-vous ?
   他にどんな名所を知っていますか？

On mémorise les chiffres
数字を覚えよう

038

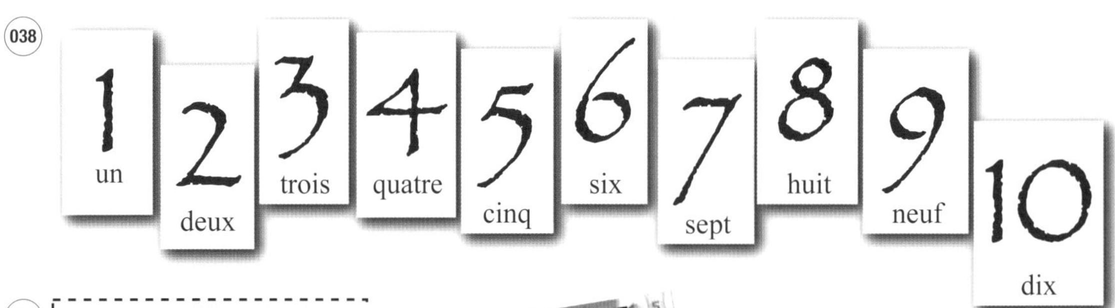

039

❶ 聞いて書きましょう
Écouter.

ex. 3 + 2 = 5

Ⓐ .... + ... = ...

Ⓑ .... + ... = ...

Ⓒ .... + ... = ...

Ⓓ .... + ... = ...

Ⓔ .... + ... = ...

❷ 例に倣って並べ替えましょう

ex. DUEX ⇒ DEUX

Ⓐ QTRAUE ⇒ ....

Ⓑ QINC ⇒ ....

Ⓒ XIS ⇒ ....

Ⓓ DXI ⇒ ....

Ⓔ PTES ⇒ ....

❸ 繰り返しましょう *Répéter.*

040

un chat	une clé
deux chats	deux clés
trois chats	trois clés
quatre chats	quatre clés
cinq chats	cinq clés
six chats	six clés
sept chats	sept clés
huit chats	huit clés
neuf chats	neuf clés
dix chats	dix clés

041

une heure	un‿an	[n]
deux heures	deux‿ans	[z]
trois heures	trois‿ans	[z]
quatre heures	quatre ans	[R]
cinq heures	cinq ans	[k]
six heures	six ans	[z]
sept heures	sept ans	[t]
huit heures	huit ans	[t]
neuf heures	neuf ans	[v]
dix heures	dix ans	[z]

Prononciation

語尾の-e -tと-s は発音しません

アクセントは最後の母音にあります　la capitale (la capitale)

42

1	**-tion** と **-tio** は[sjɔ̃]と[sjo]と読みます	1. nation　2. passion　3. illumination ⚠ question
2	**qu** は[k]と読みます	1. question　2. qualité　3. musique
3	**gn** は[ニャ]に近い	1. signal　2. montagne

EXERCICE 1 : （1-3 のまとめ）次の言葉を読みましょう ***Lire***. 043

1. masque　2. question ⚠　3. musique　4. signal　5. action
6. cosmétiques　7. nation　8. qualité　9. disque　10. campagne

44

4	[r] は、舌の奥を上顎に近づけ、隙間から空気をゆっくり通して発音します。口を広く開け、舌先を下の歯の裏側にくっつけます。舌の奥を上顎に近づけ、上顎をこするように声を出します。上にくっついている舌をわずかに離して息を出します。[r] が音節の初めに来る場合は、舌先が下の歯の裏から離れやすくなります。口を大きく開けた状態から力を抜いて発音しましょう	1. arabe　2. orange　3. sécurité 4. parade　5. parc　6. art 7. russe　8. relation　9. erreur
5	**fr , bl , pl, dr , pr , tr , gr , cl** のような、R または L と子音の組み合わせは、一般的に音を切り離せません。⚠ 英語等と違い、フランス語では、アクセントがつけられる音節は最後の音節のみです。	1. France　2. profil　3. couple 4. prix　5. trois　6. quatre 7. cercle　8. prison　9. adresse

EXERCICE 2 : （1-5 のまとめ）次の言葉を読みましょう ***Lire***. 045

1. président　2. passeport　3. création　4. français　5. signature
6. appartement　7. quatre　8. risque　9. approche　10. musique classique

46

6	a. 「無音の **h** 」: 母音で始まる単語と同じ扱いで、リエゾン、エリジオンをします	1. hôtel　2. homme　3. horizon ⚠ le héros　⚠ la haute couture
	b. ⚠**h**は読まないので、**th**のスペルも、**t** のみの時と同じ発音になります	1. théâtre　2. mathématiques
	c. **ch** は[ʃ]と読みます ⚠ 例外的に、**ch** を[k]と読む場合もあります : orchestre, charisme, technique	1. chance　2. chinois

EXERCICE 3 : （1-6 のまとめ）次の言葉を読みましょう ***Lire***. 047

1. pharmacie　2. hôpital　3. esthétique　4. entrée　5. philosophie
6. thérapie　7. théorie　8. université　9. change　10. quiche
11. histoire　12. marron　13. centre　14. métro　15. raisin

Leçon 2 人について話す、年齢を言う 否定文を作る

048 よく聞いて繰り返しましょう **MODÈLE 1**

Écouter et répéter, puis faire des variations.

C'est **qui** ?
Qui est-ce ?
C'est Lucas.

non / oui

- C'est Paul ?
- Non.
- C'est Jean ?
- Non.
- C'est **qui** ?
- C'est Lucas.

1 PAULINE 2 DONG 3 SUN-HI 4 NOAH

049 よく聞いて繰り返しましょう **MODÈLE 2**

Écouter et répéter, puis faire des variations.

📌 語尾の-e, -s -tは発音しない

C'est Simon.
Il **est** français.
C'est Rina.
Elle **est** japonaise.

~~Il est Shun~~ ✕
~~Elle est Rina~~ ✕

C'est Arthur.
Il est français.
Il est étudiant.
Il est de Nice.

C'est Rina.
Elle est japonaise.
Elle est étudiante.
Elle est de Tokyo.

1 PAULINE	2 DONG	3 SUN-HI	4 NOAH

étudiante	étudiant	lycéenne	lycéen
Vancouver	Séoul	Séoul	Genève

国籍と職業を表す単語です。それぞれの意味を調べて書きましょう **VOCABULAIRE**

Deviner le sens des mots. Écrire la traduction.

050

男 masculin	女 féminin	🇯🇵
étudiant	étudiant**e**	
lycéen	lycéenne	
joueur de tennis	joueuse de tennis	
youtubeur	youtubeuse	
chanteur	chanteuse	
acteur	act**rice**	
musicien	musicie**nne**	

051

男 masculin	女 féminin	🇯🇵
australien	australie**nne**	
canadien	canadie**nne**	
coréen	coréen**ne**	
italien	italie**nne**	
américain	américain**e**	
espagnol	espagnol**e**	
suisse	suisse	

052

être (英 : be)					
肯定形		否定形			
je	suis	je	**ne**	suis	**pas**
tu	es	tu	**n'**	es	**pas**
il	est	il	**n'**	est	**pas**
elle	est	elle	**n'**	est	**pas**
c'	est	**ce**	**n'**	est	**pas**
vous	êtes	vous	**n'**	êtes	**pas**

053

avoir (英 : have)					
肯定形		否定形			
j'	ai	je	**n'**	ai	**pas**
tu	as	tu	**n'**	as	**pas**
il	a	il	**n'**	a	**pas**
elle	a	elle	**n'**	a	**pas**
vous	avez	vous	**n'**	avez	**pas**

語尾の-s -tは発音しない

エリジオン (élision) 以下の、母音字で終わる一音節の語は、次に母音もしくは無音の h で始まる語 が来ると、語末の母音字を省略して、次の語とアポストロフでつなぎます。これは「省略してもよい」 ではなく、「省略しなければ間違い」je, ne, ce, me, te, se, le, la, de → j', n', c', m', t', s', l', l', d'

MODÈLE 3 よく聞いて繰り返しましょう 054

Écouter et répéter.

Lycéenne ?

Chinoise ?

Osaka ?

Non !

- Tu es lycéenne ?
- Non, je **ne** suis **pas** lycéenne. Je suis étudiante.
- Tu es chinoise ?
- Non, je **ne** suis **pas** chinoise. Je suis japonaise.
- Tu es **d'**Osaka ?
- Non, ne **ne** suis **pas d'**Osaka. Je suis **de** Sapporo.

modèle 2の絵を使ってmodèle 3の会話を続けましょう

Utiliser les illustrations du modèle 2 pour faire des variations.

MODÈLE 4 よく聞いて、例のように会話をしてみましょう 055

Écouter et faire des variations.

Jade
Jules
Julie
japonais
je suis
j'ai
je m'appelle

- C'est qui ?
- C'est Alice. Elle est étudiante.
- Elle a quel âge ?
- Elle a 20 ans.

Alice
étudiante
20 ans

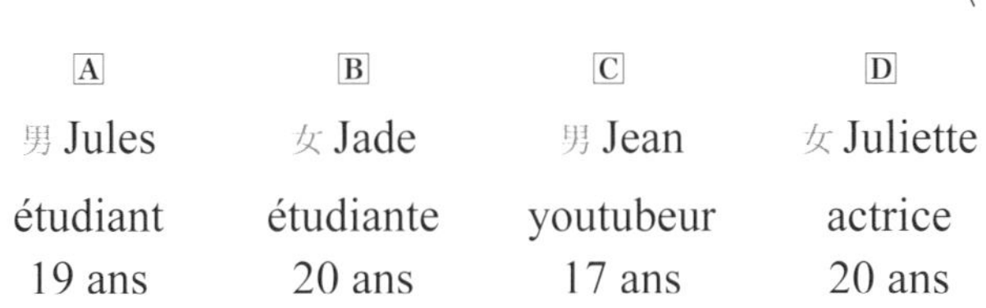

A	B	C	D
男 Jules	女 Jade	男 Jean	女 Juliette
étudiant	étudiante	youtubeur	actrice
19 ans	20 ans	17 ans	20 ans

J'**ai** vingt ans.

Tu	**as**	quel âge ?
Il	**a**	
Elle	**a**	
Vous	**avez**	

Activités

❶ Ⓐ 聞いて、空欄を埋めましょう *Écouter et compléter.* (056)

	例	1	2	3	4	5
名前	**LUCAS**					
国籍	**FRANÇAIS**			**AUSTRALIEN**		
出身	**PARIS**					
才	**20 ANS**	**17 ANS**			**27 ANS**	
職業	**ÉTUDIANT**		**EMPLOYÉE**			

Ⓑ 聞いて、質問に答えましょう ***Écouter et répondre aux questions.***

㊪ *Lucas a quel âge ? Il a 20 ans.*

❷ 例にならって、文を作りましょう ***Faire des phrases selon le modèle.***

㊪ *Elle n'est pas américaine. Elle est canadienne. Elle est de Vancouver. Elle a 20 ans.*

❸ 例にならって、会話をしてみましょう ***Parler.*** (057)

㊪ - C'est qui ?
- C'est Yumi.
- Elle est coréenne ?
- Non, elle n'est pas coréenne. Elle est japonaise.
- Elle a quel âge?
- Elle a vingt ans.
- Elle est de Tokyo ?
- Non, elle n'est pas de Tokyo. Elle est d'Osaka.

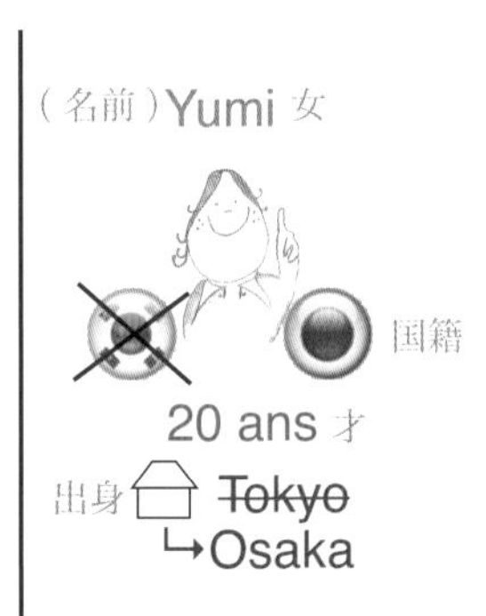

Ⓐ Jules 男

19 ans
~~Bordeaux~~
↳ Nice

Ⓑ Jade 女

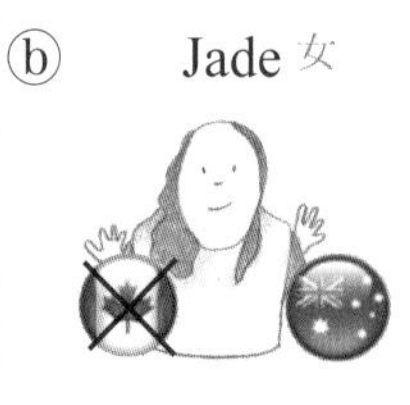

18 ans
~~Melbourne~~
↳ Sydney

Ⓒ Ryo 男

20 ans
~~Tokyo~~
↳ Sapporo

Ⓓ Julie 女

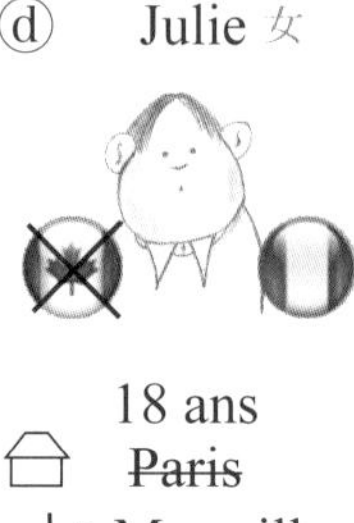

18 ans
~~Paris~~
↳ Marseille

Ⓔ Ⓧ Ⓔ Ⓡ Ⓒ Ⓘ Ⓒ Ⓔ Ⓢ

❶ 動詞 « être » を活用させましょう

㊎ Il ….. suisse.

⇒ *Il est suisse.*

1. Je ……. suisse.
2. Il ……. japonais.
3. Tu n' ……. pas de Colmar ?
4. Vous ……. japonais.
5. C' …… qui ?

❷ 動詞 « avoir » を活用させましょう

㊎ Il ….. 20 ans.

⇒ *Il **a** 20 ans.*

1. Tu ….... quel âge ?
2. Vous ……. vingt ans.
3. Elle ….... 18 ans ?
4. Il …… quel âge ?
5. J'…….. 19 ans.

❸ 下線部に必要な語(avoir/être)を書きましょう

㊎ Il ….. français.

⇒ *Il **est** français.*

1. Elle ….. française. Elle ….. 20 ans.
2. Il ….. 20 ans. Il ….. de Paris.
3. Elle …..… de Paris. Elle …… française.
4. Il ……… suisse. Il …… 19 ans.
5. Elle ……… 17 ans. Elle ..…. japonaise.

❹ 以下の質問に否定形で答えましょう

㊎ Il est chinois ?

⇒ *Non, il n'est pas chinois.*

1. Elle est de Lille ? Non, …
2. Il a 20 ans ? Non, …
3. Vous êtes de Bruxelles ? Non, …
4. Tu es suisse ? Non, …
5. Il a 18 ans ? Non, …

❺ 間違いを直しましょう ***Corriger.***

1. Je me appelle Nicolas.
2. Tu ne es pas de Osaka ?
3. Ce est Paul.
4. Je ai 16 ans.

❻ 正しい文を作りましょう

㊎ est / elle / employée.

⇒ *Elle est employée.*

1. il / employé / est / .
2. acteur / je / suis / .
3. quel / tu / as / âge / ?
4. Osaka / pas / elle / n' / est / d' / .
5. C' / qui / est / ?

❼ 次の有名な人物を紹介しましょう
Présenter les personnes célèbres ci-dessous.

㊎ ***Louis Garrel,*** *il est acteur, il est français, il est de Paris.*

a. **Léa Sédoux**

b. **Squeezy**

❽ 次の単語を発音して、オーディオで確認しましょう
Lire puis verifier à l'aide l'audio (058)

1	a. chinois	b. chinoise	c. chinois
2	a. américaine	b. américain	c. américain
3	a. japonais	b. japonais	c. japonaise
4	a. musicien	b. musicienne	c. musicien

❾ 聞こえた方に印をつけましょう ***Écouter.*** (059)

	1	2	3	4	5	6
masculin	❏	❏	❏	❏	❏	❏
féminin	❏	❏	❏	❏	❏	❏

GRAMMAIRE

le わからん

LE PETIT PRÉCIS GRAMMATICAL

誰かを紹介する

誰かを紹介するときには、c'est に名前をつけます。紹介する人が男性なら、その後で、il est ... を使って職業や国籍を言います。女性なら、elle est ... を使います。写真などを見て知らない人のことは、C'est qui ? = Qui est-ce ?「それは誰ですか？」と尋ねます。

男性形と女性形

フランス語では職業や国籍など人を表す名詞には、男性形と女性形があります。
一般的には 女性形 = 男性形 + e ですが、他にも次のようなパターンがあります。 1) 男性形が -e で終わっている場合には女性形は男性形と同じです。 2) 男性形が -ien で終わっている場合は女性形は -ne を足して -ienne で終わります。 他にも色々なタイプがありますので、少しずつ慣れていきましょう。

違います！そうじゃありません！

Tu es français(e) ?「君はフランス人ですか？」と聞かれたら、Non, je ne suis pas français(e).「いいえ、フランス人じゃありません」と答えます。je suis の否定形は、動詞を ne と pas で挟み、je ne suis pas となります。il est は il n'est pas、elle est は elle n'est pas となります。あれ？ ne が n' になりましたね。

年齢

自分の年齢を言うときには、J'ai ... ans. と言います。an は「年」という意味です。相手の年齢を尋ねるときには、Tu as / Vous avez quel âge ? と言います。âge は「年齢」 です。

やってみよう

/20

Ⓐ（　）の中の動詞を活用させましょう
Conjuguer le verbe entre parenthèses.

1. Tu ________ d'Osaka. (être)
2. Il ________ italien. (être)
3. Elle ________ quel âge ? (avoir)
4. Vous ________ 18 ans. (avoir)
5. C' ________ qui ? (être)

Ⓑ 否定文にしましょう
Écrire à la forme négative.

6. Il est musicien.
7. Vous avez 20 ans.
8. Vous êtes de Tokyo.
9. Je suis étudiant.
10. Tu as 18 ans.

Ⓒ 太字の単語を女性形に書き変えましょう
Écrire le mot en gras au féminin.

11. Il est **français**. → Elle est ________
12. Il est **coréen**. → Elle est ________
13. Il est **lycéen**. → Elle est ________
14. Il est **américain**. → Elle est ________
15. Il est **suisse**. → Elle est ________

Ⓓ フランス語にしましょう
Traduire en français.

16. 彼は 19 歳です。
17. 誰ですか？
18. 君は何歳ですか？
19. 彼女は日本人ではありません。
20. 彼は大阪出身ではありません。

le verbe être

ÊTRE（不定形）

	060 肯定形		061 否定形				+ 主語の属詞 attribut du sujet
私は	je	suis	je	**ne**	suis	**pas**	petit / petite
君は	tu	es	tu	**n'**	es	**pas**	petit / petite
彼は	il	est	il	**n'**	est	**pas**	petit
彼女は	elle	est	elle	**n'**	est	**pas**	petite
私達は	nous	sommes	nous	**ne**	sommes	**pas**	petits / petites
あなた、あなた達は	vous	êtes	vous	**n'**	êtes	**pas**	petit / petite / petits / petites
彼らは	ils	sont	ils	**ne**	sont	**pas**	petits
彼女らは	elles	sont	elles	**ne**	sont	**pas**	petites

✕ Il est un artiste. Il est un artiste américain.

Il est artiste. **C'est un** artiste américain.

動詞 être は「〜です」（to be）という意味です。この動詞の後に続く属詞（名詞／形容詞）は主語の性と数に合わせて変化します。C'estの後には名詞単数形が来ます。C'estの後に形容詞を続けることもできますが、その場合、形容詞は必ず男性形になります。

❶ 下線部に必要な語を書きましょう

例 Je …… japonaise. → *Je **suis** japonaise.*

1. Tu .... anglais. 2. Elles .... japonaises.
3. Il .... grand. 4. Je .... grand.
5. Elle .... grande. 6. Vous ……….. chinois.
7. Ils .... jeunes. 8. Nous………… petits.

❷ 下線部に必要な語を書きましょう

例 …. suis petite. → ***Je** suis petite.*

1. .... suis fatigué. 2. .... êtes intelligent.
3. .... sommes italiens. 4. .... es japonaise.
5. .... es japonais. 6. .... sont japonaises.
7. .... sont italiens. 8. .... est petit.

❸ 例にならって、文章を作りましょう

例 **Il est** artiste. **Il est** suisse. → ***C'est un** artiste suisse.*

1. Elle est lycéenne. Elle est japonaise.
2. Il est acteur. Il est australien.
3. Elle est chanteuse. Elle est américaine.
4. Il est youtubeur. Il est japonais.

❹ 主語を複数に変えましょう

例 Je suis fatigué. → ***Nous sommes fatigués**.*

1. Il est grand.
2. Elle est intelligente.
3. Tu es jeune.
4. Je suis japonaise.

❺ 主語を単数に変えましょう

例 Nous sommes petites. → ***Je suis petite.***

1. Elles sont fatiguées.
2. Ils sont français.
3. Vous êtes suisses.
4. Nous sommes chinoises.

❻ 否定文を作りましょう

例 Il est chinois. → *Il **n'**est **pas** chinois.*

1. Tu es fatiguée.
2. Je suis suisse.
3. Vous êtes intelligent.
4. Elle est grande.

On mémorise les nombres

数字を覚えよう

❶ 聞いて繰り返しましょう *Écouter et répéter.* (062)

0	1	2	3	4	5	6	7	8	9	10
ZÉRO	UN	DEUX	TROIS	QUATRE	CINQ	SIX	SEPT	HUIT	NEUF	DIX

❷ 次の４桁の数字を読みましょう *Lire les codes.*

a. 1 5 9 7　　d. 9 1 0 8
b. 8 0 3 2　　e. 4 6 2 7
c. 6 4 5 1　　f. 3 5 9 4

❸ 聞いて値段を書きましょう (063)
Écouter et écrire le prix.

a. ______ €　d. ______ €
b. ______ €　e. ______ €
c. ______ €　f. ______ €

❹ 聞いて繰り返しましょう *Écouter et répéter.* (064)

11	12	13	14	15	16	17	18	19	20
ONZE	DOUZE	TREIZE	QUATORZE	QUINZE	SEIZE	DIX-SEPT	DIX-HUIT	DIX-NEUF	VINGT

❺ 聞いて書きましょう *Écouter et écrire.* (065)

例	**14**	**+**	**2**	**=**	**16**
Ⓐ	....	+	....	=	....
Ⓑ	....	+	....	=	....
Ⓒ	....	+	....	=	....
Ⓓ	....	+	....	=	....
Ⓔ	....	+	....	=	....

❻ 聞いて、印をつけましょう
Écouter.

(066)	4	14	(067)	5	15
a.	❑	❑	f.	❑	❑
b.	❑	❑	g.	❑	❑
c.	❑	❑	h.	❑	❑
d.	❑	❑	i.	❑	❑
e.	❑	❑	j.	❑	❑

❼ 足し算をしてみましょう
Parler.

例 - Deux plus deux ?
- Quatre.
- Très bien. À vous !
- Trois plus quinze ?

❽ 聞いて繰り返しましょう (068)
Écouter et répéter.

[n] un‿**an**	onze **ans**
[z] deux‿**ans**	douze **ans**
trois‿**ans**	treize **ans**
quatre **ans**	quatorze **ans**
cinq‿**ans**	quinze **ans**
[z] six **ans**	seize **ans**
sept **ans**	[s] dix-sept **ans**
huit **ans**	[z] dix-huit **ans**
[v] neuf **ans**	[z] [v] dix-neuf **ans**
[z] dix **ans**	vingt‿**ans**

transparence lexicale

❶ A〜Zの単語の意味を考えて、発音を確かめましょう
Deviner le sens des mots de la liste. Vérifier la prononciation à l'aide de l'audio.

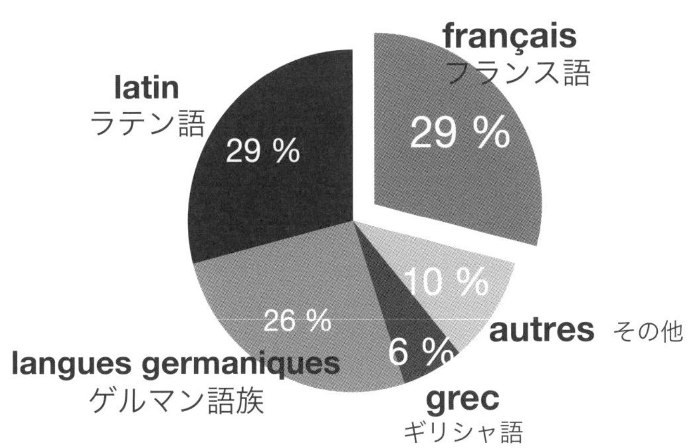

Origine des mots de la langue anglaise 英語の語源

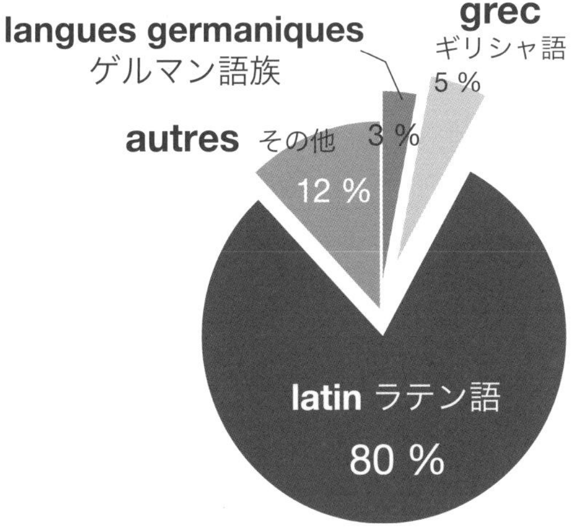

Origine des mots de la langue française 仏語の語源

069

A. académie
B. biologie
C. couleur
D. dessert
E. exemple
F. famille
G. page
H. hôpital
I. imagination
J. Japon
K. koala
L. lion
M. moment
N. nature
O. opération
P. problème
Q. question
R. révolution
S. système
T. théorie
U. univers
V. violon
W. wifi
X. xylophone
Y. yoga
Z. zoo

❷ 例にならって、会話しましょう
Parler.

例

« A » comme … ?

« A » comme « académie ».

Leçon 3 疑問詞 qui、quoi, où er 動詞

070 よく聞いて繰り返しましょう。例にならって会話しましょう **MODÈLE 1**
Écouter et répéter. Continuer la conversation.

je	travaille
tu	travailles
il	travaille
elle	travaille

- Tu travailles ?
- Oui, je travaille. Je suis journaliste.
- Et Paul, il travaille ?
- Non, il ne travaille pas. Il est étudiant.

1.	2.	3.	4.
Nicolas Male lycéen 男	Magali Nolet professeure 女	Isabelle Biche étudiante 女	Léo Pichet employé 男

071 よく聞いて繰り返しましょう。例にならって会話しましょう **MODÈLE 2**
Écouter et répéter. Continuer la conversation.

je parle
- le français
- le japonais
- le chinois
- le coréen
- l'anglais
- l'espagnol

Emma

- Tu parles le français ?
- Oui, je parle le français et l'espagnol. Et Lola ?

Lola

Gino

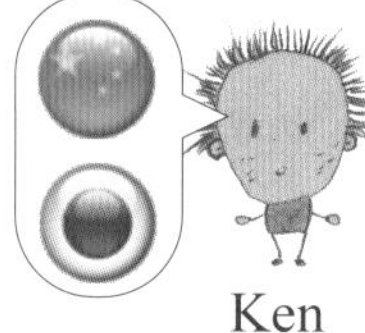

Ken

Clara

Emma parle le français et l'espagnol.

072 よく聞いて繰り返しましょう。例にならって会話しましょう **MODÈLE 3**
Écouter et répéter. Continuer la conversation.

Tu étudies / Tu aimes | quoi ?

- Tu étudies quoi ?
- J'étudie le français.
- Tu aimes le français ?
- Oui, j'aime le français. Et toi ?

073 聞いて、繰り返しましょう。それぞれの意味を考えましょう
Écouter et répéter. Deviner le sens des mots.

VOCABULAIRE

les mathématiques - la biologie - les sciences - l'histoire - l'art - le sport
la philosophie - la géographie - la littérature - la sociologie - l'architecture - l'anglais
le japonais - le français

CONJUGAISON 動詞の活用

074

danser					
肯定形		否定形			
je	danse	je	**ne**	danse	**pas**
tu	danses	tu	**ne**	danses	**pas**
il	danse	il	**ne**	danse	**pas**
elle	danse	elle	**ne**	danse	**pas**
vous	dansez	vous	**ne**	dansez	**pas**

075

arriver					
肯定形		否定形			
j'	arrive	**je**	**n'**	arrive	**pas**
tu	arrives	tu	**n'**	arrives	**pas**
il	arrive	il	**n'**	arrive	**pas**
elle	arrive	elle	**n'**	arrive	**pas**
vous	arrivez	vous	**n'**	arrivez	**pas**

▶ **téléphoner / rester / parler / passer / penser / arriver / aimer / étudier**

Paul Il Qui	aime étudie parle	quoi ? le français ?

Il Paul	habite	où ? à Tokyo.

C'est	où ? qui ? quoi ?

MODÈLE 4 よく聞いて繰り返しましょう。例にならって会話しましょう 076

Écouter et répéter. Jouer la scène.

例 - Alice habite où ?
- Elle habite à Bordeaux.
- Et Lucas ? Il habite où ?
- …

Tu travailles Tu habites Tu es C'est	**où** ?

MODÈLE 5 質問に答えましょう 077

Répondre aux questions.

Questions : Qui n'est pas français ? Qui est japonais ? Alex habite où ?
Qui parle le français ? Qui parle le japonais ?

Qui	est français ? travaille ? habite à Paris ?

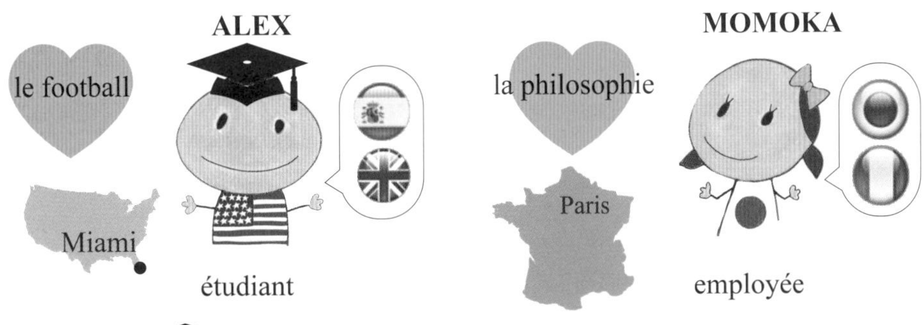

絵を見て他の質問を考えて、その質問に答えましょう
Continuer à poser des questions et à répondre.

Activités

❶ Ⓐ 文章を読んで、表を完成させましょう
Lire le texte et compléter le tableau.

Pierre ne travaille pas. Il est étudiant. Il est français. Il étudie la philosophie. Il habite à Nantes. Il aime l'histoire et le football. Il parle l'anglais.
Norah est lycéenne. Elle est suisse. Elle habite à Lyon. Elle parle le chinois et le coréen. Elle aime la danse. Elle n'aime pas les mathématiques.
Réna est japonaise. Elle travaille. Elle est employée. Elle parle le français. Elle habite à Bordeaux. Elle aime le baseball. Elle étudie l'italien.

	Pierre	Norah	Réna
ville	*Nantes*		
occupation	*étudiant*		
nationalité	*français*		
langue	*l'anglais*		
études	*la philosophie*		
goûts	*l'histoire et le football*		

Ⓑ 表を見て質問に答えましょう ***Répondre aux questions.***

1. Pierre habite où ? 2. Qui est suisse ? 3. Qui aime le baseball ? 4. Pierre étudie quoi ?
5. Qui ne travaille pas ? 6. Qui n'aime pas les mathématiques ?

❷ Ⓐ 例にならって紹介文を書いてみましょう
Écrire un texte de présentation pour chaque personnage.

㊄ *Bonjour, moi c'est William. Je suis américain. J'habite à Paris. Je suis ingénieur. Je parle l'anglais et le français.*

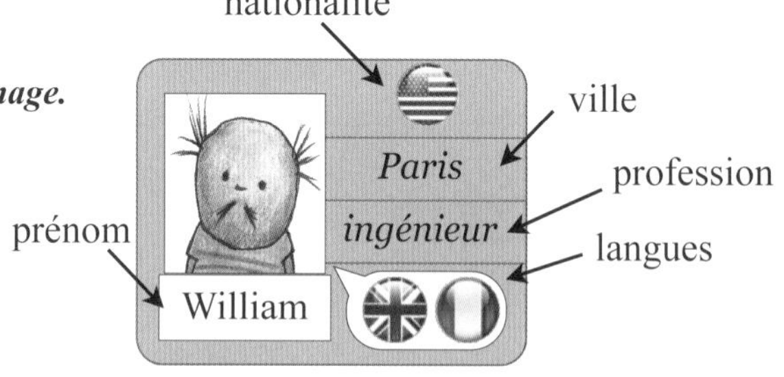

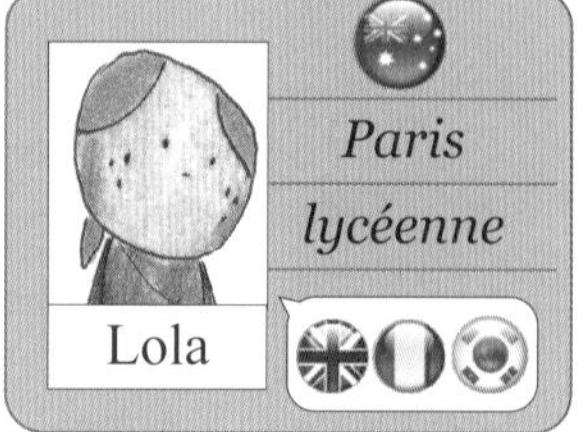

Ⓑ 聞いて、質問を書いて、答えましょう (078)
Écouter, écrire les questions et répondre.

㊄ *Qui n'est pas français ?*
C'est William, Lola et Marc.

Ⓒ 例にならって、会話をしてみましょう ***Parler.***

㊄ *- Lola est française ?*
- Non, elle n'est pas française. Elle est australienne.
- Marc parle l'anglais ? Oui, il parle l'anglais, le français et le chinois.

EXERCICES

❶ （　）の中の動詞を活用させましょう
Conjuguer le verbe entre parenthèses.

㊞ Elle ………… l'histoire. (aimer)
⇒ *Elle aime l'histoire.*

1. Elle ………… le français. (parler)
2. Tu ………… les sciences. (aimer)
3. Je ……….. à Paris. (travailler)
4. Vous ………… à Pau. (habiter)
5. Tu ……… le japonais. (étudier)

❷ 以下の質問に否定形で答えましょう *Répondre.*

㊞ Elle étudie l'économie ?
⇒ *Non, elle* ***n'****étudie* ***pas*** *l'économie.*

1. Tu travailles à Miami ?
2. Vous parlez le chinois ?
3. Elle aime l'histoire ?
4. Il arrive à Tokyo ?
5. Manon reste à Paris ?

❸ 下の文章を正しく書き直しましょう
Corriger les phrases.

1. Je habite à Lyon.
2. Tu ne aimes pas la histoire.
3. Elle ne étudie pas le anglais.
4. Vous ne habitez pas à Genève.
5. Il ne est pas français.

❹ je を tu に変えて文を作りましょう
Remplacer « je » par « tu ».

Je suis coréen, j'habite à Lyon. Je ne travaille pas. Je suis coréen. Je parle le français et le japonais. Je ne parle pas l'anglais.

❺ Ⓐ 次の文章を読みましょう *Lire.*

Nicolas est canadien. Il travaille.
Il est employé. Il parle l'anglais, le français et le coréen. Il aime l'histoire et la géographie.
Emma ne travaille pas. Elle est américaine. Elle est étudiante. Elle parle l'anglais. Elle habite à Brest avec[1] Nicolas.

(1) avec : ～と一緒に

Ⓑ 正しければ (vrai)、正しくなければ (faux) に印をつけましょう *Cocher.*

	vrai	faux
1. Emma ne travaille pas.	❑	❑
2. Nicolas est américain.	❑	❑
3. Emma n'est pas étudiante.	❑	❑
4. Nicolas parle le coréen.	❑	❑

Ⓒ 文章の内容について質問しましょう
Poser des questions sur le texte.

❻ [e] の音で終わっているものに印をつけましょう
Cocher si vous entendez la finale en [e] (079)

	1	2	3	4	5	6
/ e /	❑	❑	❑	❑	❑	❑

❼ 否定文に印をつけましょう (080)
Cocher si la phrase est négative.

	1	2	3	4	5	6
否定文	❑	❑	❑	❑	❑	❑

❽ 以下の動詞を読みましょう。音声を聴いて確かめ、繰り返し練習しましょう *Lire les verbes ci-dessous. Vérifier avec l'audio. Répéter l'exercice plusieurs fois.* (081)

1	passe	2	passez	3	passer	4	passes
5	habites	6	habiter	7	habite	8	habitez
9	étudiez	10	étudier	11	étudies	12	étudie

GRAMMAIRE

le わからん

LE PETIT PRÉCIS GRAMMATICAL

誰？何？どこ？

quiは「だれ」という意味で、主語として使用することができます。「誰が勉強していますか？」はフランス語でQui étudie ?と言います。また、「誰がパリに住んでいますか？」と言いたい場合は、Qui habite à Paris ?と言います。さらに、quoiは「何」という意味です。「君は何を勉強しているの？」はフランス語でTu étudies quoi ?と言います。oùは「どこ」という意味です。「どこに住んでいますか？」はフランス語でTu habites où ?と言います。

動詞の発音

動詞の大部分は第一群に属しています。これらはhabiterやaimerのように-erで終わります。主語がje, tu, il, elleのときは同じ発音になります。ただし、vousの発音は不定詞と同じであることに注意しましょう。

ne ? n' ?

ne と n' は同じ単語です。ne の次の単語次第で、ne は n' になります。では、どのような場合に ne は n' になるのでしょう？ ne は次に来る単語が母音 (a, i, u, e, o, y) で始まっている場合に n' となり、後ろの単語と一緒に発音されます。では、je n'habite pas はどうでしょうか? フランス語では h は発音されず、多くの単語で母音字として扱いますので、やはり ne は n' になります。 ところで j'habite のように je も j' になることがありましたね。それから母音で始まる単語の前で、que も qu'、ce も c' となります。このように母音で始まる単語の前で、e が省略されることをエリジオンと言います。

やってみよう

/20

Ⓐ 否定文にしましょう
Écrire à la forme négative.

1. Tu es journaliste.
2. Je suis employée.
3. Vous travaillez à Paris.
4. Il travaille.
5. Vous êtes professeur.

Ⓑ（ ）の中の動詞を活用させましょう
Conjuguer le verbe entre parenthèses.

6. Elle _______ à Paris. (travailler)
7. Je _______ . (téléphoner)
8. Vous _______ le chinois. (parler)
9. Tu _______ quoi ? (étudier)
10. J' _______ à Lille. (habiter)

Ⓒ qui, où, quoi を使って以下の文を完成させましょう
Compléter par « qui, où, quoi ».

11. ____ travaille ?
12. Vous habitez _____ ?
13. - Tu aimes ____ ? - La musique.
14. - C'est _____ ? - À Tokyo.
15. ____ habite à Paris ?

Ⓓ フランス語にしましょう
Traduire en français.

16. あなたは何が好きですか？
17. 誰が英語を話しますか？
18. 彼は働いていません。
19. 君は何を勉強しているの？
20. あなたはどこに住んでいますか？

Portraits

❶ インターネットを使って、写真に合う以下の人名を選びましょう *Associer les noms ci-dessous aux photos.*

1. Édith Piaf   2. Sarah Bernhardt   3. Simone Veil   4. Marie Curie
5. Coco Chanel   6. Veuve Clicquot   7. Françoise Sagan
8. Jeanne d'Arc   9. Joséphine Baker

❷ プロフィールに合う言葉を選びましょう *Associer les mots ci-dessous aux photos.*

FEMME POLITIQUE	SCIENTIFIQUE	FEMME D'AFFAIRES
RÉSISTANTE	AUTRICE	CHANTEUSE
CHEFFE DE GUERRE	DANSEUSE	CRÉATRICE DE MODE

❸ 有名なフランス人をあげてみましょう *Citer quelques Français célèbres.*

On mémorise les nombres

数字を覚えよう

082 ❶ 聞いて繰り返しましょう *Écouter et répéter.*

083 ❷ 聞いて書きましょう *Écouter et écrire.*

Ⓐ .... + ... = ...

Ⓑ .... + ... = ...

Ⓒ .... + ... = ...

Ⓓ .... + ... = ...

Ⓔ .... + ... = ...

❸ 足し算をしてみましょう *Parler.*

Exemple:

- Deux plus vingt-cinq ?

- Vingt-sept.

- Très bien. À vous.

- Vingt-six moins dix-huit...

❹ 数字を探しましょう *Retrouver les nombres dans la grille.*

D	I	X	S	E	P	T	Q	I	N	X
U	F	M	U	I	S	R	U	R	F	V
Q	H	S	I	X	O	O	I	U	D	I
U	I	Q	E	S	S	I	N	L	E	N
A	D	U	S	P	I	S	Z	H	U	G
T	V	I	N	G	T	D	E	U	X	T
O	A	N	X	Q	R	O	E	I	R	N
R	I	Z	L	N	E	U	F	T	I	E
Z	D	E	R	L	N	Z	I	A	N	U
E	U	I	N	I	T	E	E	T	P	F
U	N	I	E	S	E	I	Z	E	F	Q

~~7~~	6
22	30
12	9
8	17
2	3
10	29
1	16
15	14

On va plus loin

❶ 会話を続けましょう
Continuer la conversation selon le modèle.

084 例 - Tu connais la bouillabaisse ?
- Non, c'est quoi ?
- C'est un plat français.

connaître 085
je connais
tu connais
il / elle connaît
vous connaissez

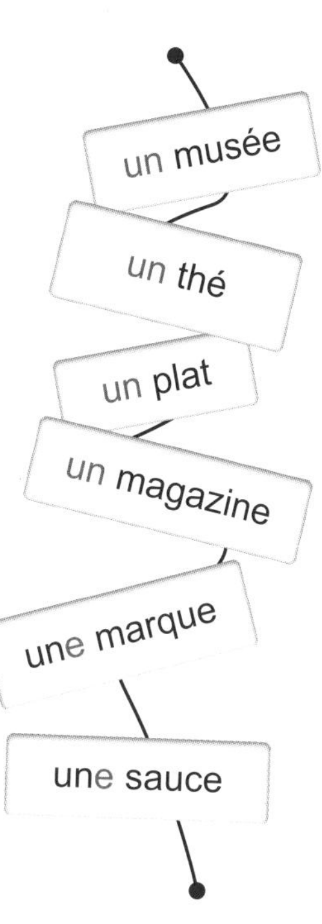

C'est quoi ?	C'est qui ?
1. la bouillabaisse	a) Maurice Ravel
2. le bibimbap	b) Céline Dion
3. le sukiyaki	c) Marion Cotillard
4. le Louvre	d) Brad Pitt
5. Renault	e) YOASOBI
6. Gucci	f) Kylian Mbappé
7. la béchamel	g) King Gnu
8. le matcha	h) Shohei Otani
9. News Week	i) Ariana Grande
10. Chanel	j) Emma Watson

→ **La bouillabaisse est un plat français.**

QUIZ FRANCE

❷ 答えましょう *Lire et répondre aux questions.*

1 Quel fromage n'est pas français ? この中でフランスのチーズではないものは ?

a. le brie　b. le camembert　c. la mozarella　d. le roquefort

2 Quel est le drapeau français ? フランスの国旗はどれでしょう？

a. 　b. 　c. 　d. 

3 Quelle entreprise est française ? この中でフランスの企業はどれでしょう ?

a. Audi　b. Peugeot　c. Toyota　d. Ford

4 Quel dessert est français ? フランスのデザートはどれでしょう？

a. le tiramisu　b. le brigadeiro　c. la crème brûlée　d. le tangyuan

5 Quelle marque n'est pas française ? この中でフランスのブランドではないものは？

a. Louis Vuitton　b. Coach　c. Chanel　d. Hermès

086

J'ADORE

J'AIME BEAUCOUP

J'AIME BIEN

JE N'AIME PAS BEAUCOUP

JE N'AIME PAS DU TOUT

JE DÉTESTE

087 聞いて繰り返しましょう。会話をしてみましょう **MODÈLE 1**

Écouter et répéter.

- Tu **aimes** la musique classique ?
- Oui, **j'adore** la musique classique.
- Et le rap ?
- Non, **je n'aime pas beaucoup.**

est-ce que
est-ce qu'

- **Est-ce que** tu aimes l'opéra ?
- Oui, j'aime bien l'opéra. Et toi ?

088 le, la, les, l' を聞いて空欄を埋め、以下の画像と単語を結びつけましょう **VOCABULAIRE**

Écouter et compléter par « le, la, les, l' » puis associer les mots aux images ci-dessous.

1) ___ fromage 2) ___ mangas 3) ___ macarons 4) ___ croissants 5) ___ opéra
6) ___ spaghettis 7) ___ films indiens 8) ___ J-pop et ___ K-pop 9) ___ burgers
10) ___ cuisine chinoise 11) ___ musique classique 12) ___ dramas coréens

MODÈLE 2 Ⓐよく聞いて繰り返しましょう。例にならって、会話をしましょう (089)

Écouter et répéter. Continuer la scène.

préférer (090)
je préfère
tu préfères
vous préférez

例
- Tu **aimes** le thé ?
- J'aime bien le thé, mais je **préfère** le café. Et toi ?

mais

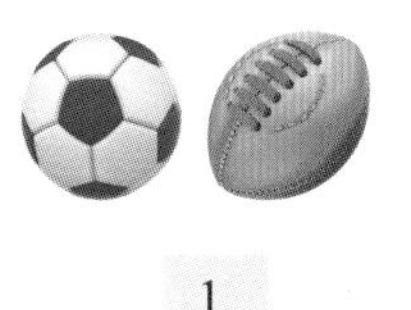

1.

la pop

2.

les films

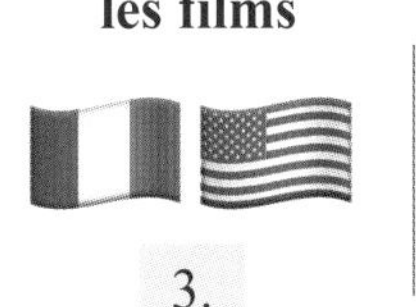

3.

le thé

4.

Ⓑ 同じモデルに基づいて質問を続けましょう
Continuer à poser des questions sur le même modèle.

MODÈLE 3 よく聞いて繰り返しましょう。会話を続けてみましょう (091)

Écouter et répéter. Continuer la scène.

- Est-ce que **tu aimes étudier** ?
- Oui, **j'adore étudier**. Et toi ?
- Moi, **je n'aime pas beaucoup étudier.**
  Je préfère dormir.

j'aime j'adore je n'aime pas je déteste je préfère	la danse danser

好き嫌いを表す動詞は、名詞または不定詞の形をとる動詞に続けて使われます

marcher	**parler**	**danser**	**voyager**
courir	**dormir**	**chanter**	**rester à la maison**

MODÈLE 4 文をよく見て、第一群の動詞の活用を考えましょう (092)

Observer et déduire la conjugaison des verbes du premier groupe.

Elles **aiment** bien le football.

Ils **détestent** travailler.

Je pense que les Français **adorent** les croissants.

Je pense que ～と思います

aimer (093)

j'aime	nous‿aimons
tu aimes	vous‿aimez
il aime	ils‿aiment
elle aime	elles‿aiment

Activités

❶ Ⓐ よく聞いて、Jean と Pauline を探しましょう *Écouter : Qui est Jean? Qui est Pauline?* (094)

	1.	2.	3.	4.
Nom	JEAN	JEAN	PAULINE	PAULINE
Ville	Nantes	Nantes	Lille	Lille
Profession	acteur	employé	employée	employée

1. ❑　2. ❑　3. ❑　4. ❑

Ⓑ よく聞いて、メモを取りましょう *Écouter et compléter.* (095)

	Jean	Pauline
musique	....	....
dessert	....	....
fromage	....	....
cinéma	....	....
thé	....	....
café	....	....
cuisine	....	....

Ⓒ Jean と Pauline の会話を考えましょう *Imagine un dialogue entre Pauline et Jean.*

㊞ *-Bonjour, je m'appelle Jean. Et vous ?*

- Moi, c'est Pauline.

❷ Ⓐ ステレオタイプの意見を聞いてみましょう (096)
本当？嘘？ *Écouter.*

	1	2	3	4	5
vrai	❑	❑	❑	❑	❑
faux	❑	❑	❑	❑	❑

Ⓑ 質問に答えましょう *Répondre aux questions.*

Vous pensez que les Français aiment quoi en général[1] ?

Vous pensez que les Américains aiment quoi en général ?

(1) en général 一般的に、普段は

EXERCICES

❶ 例のように形容詞をつけましょう

㊀ musique 🇫🇷

⇒ *la musique française*

1. opéra 🇫🇷
2. fromages 🇫🇷
3. films 🇺🇸
4. dramas 🇰🇷
5. cuisine 🇯🇵

❷ (　) の中の動詞を活用させましょう

1. Ils .... étudier le français. (adorer)
2. Je .... le français. (parler)
3. Tu .... à Tokyo. (habiter)
4. Nous .... les macarons. (aimer)
5. Ils .... bien. (chanter)

❸ 疑問文を作りましょう

㊀ Tu aimcs danscr.
⇒ ***Est-ce que*** *tu aimes danser ?*

1. Tu aimes les dramas coréens.
2. Elle adore les croissants.
3. Ils aiment le fromage.
4. J'aime le chocolat.
5. Nous détestons étudier.

❹ 文を作りましょう

㊀ **tu / thé / café**

- Est-ce que tu aimes le thé ?

- Oui, j'aime bien le thé, mais je préfère le café.

1. il / le judo / le karaté
2. elle / étudier / dormir
3. tu / le fromage / le dessert
4. elles / danser / chanter

❺ 例にならい、会話を作りましょう

㊀ **tu / aimer le *chocolat / pas beaucoup***

- Tu aimes le chocolat ?

- Non, je n'aime pas beaucoup le chocolat.

1. parler le chinois / bien / il
2. aimer le thé / bien / elles
3. la chanson française / beaucoup / vous
4. le fromage / pas beaucoup / elle
5. les films japonais / bien / ils

❻ 例にならい、会話を作りましょう

㊀ **les Japonais / danser / non**

- Est-ce que les Japonais aiment danser ?

- Non, je pense qu'ils n'aiment pas danser.

1. les Français / le baseball / non
2. elles / la K-pop / oui
3. Paul / habiter à Paris / non
4. ils / étudier les langues étrangères / non
5. les Américains / burgers / oui

❼ 文を書き取りましょう ***Dictée.*** (097)

1. ....
2. ....
3. ....
4. ....
5. ....

❽ 複数の文に印をつけましょう

Cocher quand vous entendez un pluriel. (098)

㊀ *Ils aiment.*

	ex	1	2	3	4	5	6
複数	✔	❑	❑	❑	❑	❑	❑

GRAMMAIRE

le わからん

LE PETIT PRÉCIS GRAMMATICAL

質問のバリエーション

est-ce que を質問文の先頭に加えると、話し言葉で少し丁寧な印象になります。例えば、Vous habitez à Paris ?と言う代わりに、Est-ce **que** vous habitez à Paris ?と言うことができます。母音で始まる単語の前では、エリジオン（省略）を行う必要があります。その場合、Est-ce **que** は Est-ce **qu'** になります。
例えば、Est-ce **qu'**il est français ?「彼はフランス人ですか？」やEst-ce **qu'**elle aime étudier ?「彼女は勉強が好きですか？」となります。

好き？大好き！

j'aime を使って好きなものを言います。好きなものには j'aime、結構好きなら j'aime bien、とても好きなものには、j'aime beaucoup を使いましょう。あまり好きでなければ je n'aime pas beaucoup まったく好きでない場合は、je n'aime pas du tout、質問は Est-ce que tu aimes ... ? です。

フランス映画とフランス料理

「フランス映画」と言うときには、le cinéma（映画）の後ろに形容詞 français（フランスの）を付けます。「日本映画」は le cinéma japonais です。料理 la cuisine には、française を付けて、la cuisine française「フランス料理」です。国を表す形容詞は、国籍を表す単語と同じですね。映画 cinéma は男性名詞なので français（男性形）、料理 cuisine は女性名詞なので française（女性形）を使います。国籍を表す語を大文字で始めると「○○人」になります。les Français は「フランス人、フランス国民」です。

やってみよう

/20

Ⓐ le, la, les, l' を使って以下の語を完成させましょう
Compléter par le, la, les, l'

1. _______ musique française
2. _______ opéra italien
3. _______ cuisine chinoise
4. _______ chocolat suisse
5. _______ films indiens

Ⓑ（　）の中の動詞を活用させましょう
Conjuguer le verbe entre parenthèses.

6. Elles ___________ . (aimer)
7. Nous ___________ . (danser)
8. Tu ___________ . (étudier)
9. Ils ___________ . (arriver)
10. Vous ___________ . (écouter)

Ⓒ 以下の質問にフランス語で様々な答え方をしましょう
Transformer la question en utilisant « est-ce que ».

11. Tu préfères le thé ou le café ?
12. Il habite à Paris ?
13. Elle est française ?
14. Elles aiment travailler.
15. Vous aimez regarder la télévision ?

Ⓓ フランス語にしましょう
Traduire en français.

16. テレビを見るのが好きでか？
17. 私はお茶の方が好きです。
18. 彼はどんな映画が好きですか？
19. 私達はラジオが大嫌いです。
20. フランス人はパンが好きだと思います。

les verbes du premier groupe

DANSER（不定形）099

	肯定形		否定形			
私は	je	danse	je	**ne**	danse	**pas**
君は	tu	danses	tu	**ne**	danses	**pas**
彼は	il	danse	il	**ne**	danse	**pas**
彼女は	elle	danse	elle	**ne**	danse	**pas**
私達は	nous	dansons	nous	**ne**	dansons	**pas**
あなた、あなた達は	vous	dansez	vous	**ne**	dansez	**pas**
彼らは	ils	dansent	ils	**ne**	dansent	**pas**
彼女らは	elles	dansent	elles	**ne**	dansent	**pas**

AIMER（不定形）100

肯定形		否定形			
j'	aime	je	**n'**	aime	**pas**
tu	aimes	tu	**n'**	aimes	**pas**
il	aime	il	**n'**	aime	**pas**
elle	aime	elle	**n'**	aime	**pas**
nous	aimons	nous	**n'**	aimons	**pas**
vous	aimez	vous	**n'**	aimez	**pas**
ils	aiment	ils	**n'**	aiment	**pas**
elles	aiment	elles	**n'**	aiment	**pas**

1、2、3人称単数と、3人称複数のときの活用形は発音が全く同じです。母音または無音のhで始まる動詞の時はjeがj'、否定形のneがn' になります。リエゾン、アンシェヌマンにも注意しましょう。

❶ 以下の動詞を読みましょう。音声を聴いて確かめ、繰り返し練習しましょう 101
Lire les mots ci-dessous. Vérifier à l'aide de l'audio. Répéter l'exercice plusieurs fois.

01. dansent	02. danser	03. danses	04. dansez	05. dansent	06. danse	07. danses
08. habitent	09. habite	10. habites	11. habitez	12. habiter	13. habite	14. habitent
15. étudie	16. étudiez	17. étudies	18. étudient	19. étudier	20. étudie	21. étudies
22. aime	23. aimez	24. aiment	25. aimes	26. aimer	27. aime	28. aimez

❷ 下の表を完成させましょう。エリジオンに注意して、動詞を活用させましょう
Compléter le tableau. Conjuguer les verbe. Attention à l'élision.

	DONNER		**DÎNER**			
私は						
君は		*tu aimes*				
彼は						
彼女は					*elle arrive*	
私達は				*nous étudions*		
あなた、あなた達は						
彼らは						
彼女らは						*elles téléphonent*

❸ （ ）の動詞を活用させ、そして否定文を作りましょう
Conjuguer le verbe puis mettre la phrase à la forme négative.

1. Tu .... (rester) → ....
2. Elle .... (arriver) → ....
3. Ils .... (aimer) → ....
4. J' .... (étudier) → ....
5. Vous .... (passer) → ....

❹ フランス語にしましょう
Traduire les phrases.

1. 私は踊ります。
2. 彼らは勉強しています。
3. あなた達はマルセイユに着きます。
4. 私達はパリに住んでいません。
5. 彼女はどこで働いていますか？

On mémorise les nombres

数字を覚えよう

102

20 vingt

30 trente

40 quarante

50 cinquante

60 soixante

❶ 数字を書いてみましょう
Écrire les nombres.

31 ....

46 ....

57 ....

49 ....

21 ....

47 ....

50 ....

54 ....

56 ....

103 ❷ 聞いて書きましょう
Écouter.

Ⓐ .... + ... = ...

Ⓑ .... + ... = ...

Ⓒ .... + ... = ...

Ⓓ .... + ... = ...

Ⓔ .... + ... = ...

et の後はリエゾンしません

104

vingt et un

trente et un

quarante et un

cinquante et un

soixante et un

105 ❸ Ⓐ 聞いて書きましょう *Écouter et compléter.*

	Paul	Julie	Georges
âge	.... ans	.... ans	.... ans
argent	.... euros	.... euros	.... euros
adresse	........, rue des Champs	......, avenue des Roses	......, place du Marché

106 Ⓑ 年齢を言ってみましょう *Parler.*

Exemple: - *Paul a quel âge ? Il a 38 ans.*
- *Il a combien d'argent ? Il a 66 euros.*
- *Quelle est son adresse ? Il habite au 54 rue des Champs.*

On va plus loin

❶ Ⓐ 答えを聞いて、メモしましょう (107)
Écouter et noter les réponses.

Ⓑ 以下の質問に答えましょう
Répondre aux questions.

1. Vous faites **du sport** ?
2. Vous aimez **quels sports** ?
3. Vous regardez **quels sports** à la télé ?
4. **Quel** est **votre manga** préféré ?
5. **Quel** est **votre plat** préféré ?
6. **Quel** est **votre jeu vidéo** préféré ?
7. **Quel** est **votre animal** préféré ?

(108)

faire de + sport / musique		
je	fais	de la musique
tu	fais	du sport
il	fait	de la danse
nous	faisons	du football
vous	faites	de la danse
ils	font	de la natation

aimer / **adorer** / **détester** — le / la / l'

faire — du / de la / de l'

(109) **sport - baseball - football - ski - softball - tennis - rugby - natation - karaté - golf - muscu - basket - athlétisme - tennis de table - patinage artistique - badminton - crosse - judo - volleyball - danse - boxe - handball**

❷ 例にならって、会話しましょう (110)
Parler selon les modèles.

㊎ - Vous **faites du baseball** ?
- Oui, je **fais du baseball**. **J'adore le baseball**.

- Vous **faites du baseball** ?
- Non, mais j'aime bien **le baseball**.

- Vous **faites du baseball** ?
- Non, je n'**aime** pas beaucoup **le baseball**.

❸ 完成させましょう
Compléter.

1. Ils aiment ..... tennis.
2. Tu détestes ..... muscu.
3. Elle aime ..... golf.
4. J'aime bien ..... boxe.

❹ 完成させましょう
Compléter.

1. Je fais ..... sport.
2. Il fait ..... athlétisme.
3. Vous faites ..... football.
4. Elle fait ..... danse.

❺ 完成させましょう
Compléter.

1. Nous faisons ..... muscu.
2. Vous aimez ..... basket.
3. Tu adores ..... handball.
4. Elle fait ..... natation.

❻ 動詞 faire を活用させましょう
Compléter avec le verbe faire.

1. Il ……… du sport. 2. Elle …….. de la natation. 3. Ils …….. du tennis. 4. Vous ……... quel sport ?

5. Nous ………… de la crosse et du softball. 6. Je ……. du ski et du volley. 7. Tu ……. du sport ?

(111) *modèle 1* の文章を参考にして、空欄を埋めましょう **LA FAMILLE**

Compléter à l'aide du texte et de la liste ci-dessous.

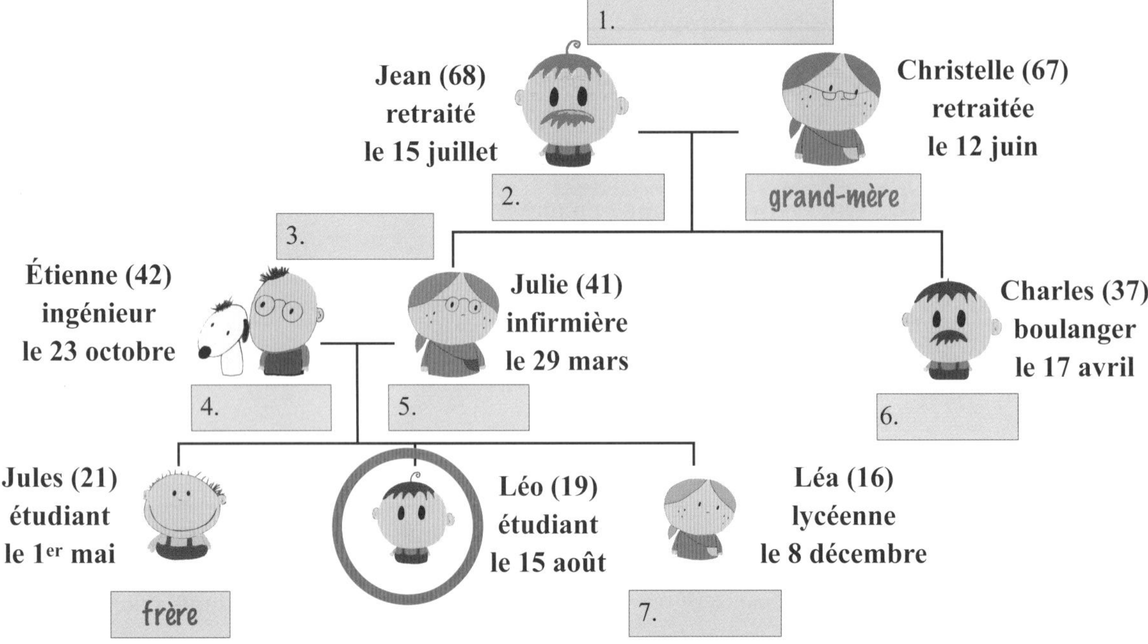

(112) 文章を読んで、質問に答えましょう **MODÈLE 1**

Lire le texte et répondre aux questions.

mon	ma	mes
ton	ta	tes
son	sa	ses

notre	nos
votre	vos
leur	leurs

mon ami / mon amie

Bonjour, je m'appelle Léo. J'ai dix-neuf ans. Je suis étudiant à l'université Paris Sorbonne. Mon anniversaire, c'est le 15 août. J'ai un frère et une sœur. Ma sœur est lycéenne. Elle s'appelle Léa. Elle est très sérieuse. Mon frère est étudiant, il s'appelle Jules. Mes parents travaillent. Mon père s'appelle Étienne. Il est ingénieur. Il aime le golf. Et ma mère s'appelle Julie. Elle est infirmière. J'aime beaucoup mes parents. Ils sont très gentils. Jean, c'est mon grand-père. Christelle, c'est ma grand-mère. Mes grands-parents sont retraités. J'ai aussi un oncle. Il est boulanger. Il est très dynamique.

1. Son anniversaire, c'est quand ?
2. Son frère s'appelle comment ?
3. Ses parents ont quel âge ?
4. Sa sœur est comment ?

MODÈLE 2 例にならって会話しましょう (113)

Parler selon le modèle.

- L'anniversaire d'Arthur, c'est quand ?
- Son anniversaire, c'est le 23 octobre.

VOCABULAIRE 辞書を使って、以下の表を完成させましょう (114)

À l'aide d'un dictionnaire, compléter le tableau ci-dessous.

	masculin	féminin	日本語
	amusant	amusante	面白い
a.	intéressant		
b.	fatigant		
c.	intelligent		
d.	joli		
e.	sérieux		
f.	paresseux		
g.	agressif		
h.	sportif		

	masculin	féminin	日本語
i.	sympa		
j.	pratique		
k.	difficile		
l.	facile		
m.	timide		
n.	dynamique		
o.	bon		
p.	mignon		
q.	gentil		

MODÈLE 3 例にならって会話しましょう (115)

Parler selon le modèle.

pourquoi ?

parce que

C'est comment ?

例
- Tu aimes bien le français ?
- Oui, c'est amusant mais c'est difficile.
- Tu aimes bien ton professeur d'anglais ?
- Oui.
- Pourquoi ?
- Parce qu'il est gentil.

le sport | les maths | l'anglais | voyager

professeur / professeure de français | l'histoire | étudier

Activités

❶ Ⓐ 表をひとつ選び、例にならって友達に質問しながら、空いているところを埋めましょう
Parler: Poser des questions, répondre et compléter le tableau.

Exemple: *Est-ce que son père aime aller au cinéma ?*
Oui, il aime beaucoup aller au cinéma.

Il / elle adore. ♥ ♥ ♥
Il / elle aime beaucoup. ♥ ♥
Il / elle aime bien. ♥
Il / elle n'aime pas beaucoup. ☹
Il / elle n'aime pas du tout. ☹ ☹
Il / elle déteste. ☹ ☹ ☹

116 Ⓑ 聞いて6つの質問に答えましょう
Écouter et répondre aux 6 questions.

élève A

aller au cinéma	♥♥		☹ ☹ ☹	☹ ☹		♥♥
téléphoner		♥♥			?	
regarder la télé	☹		☹ ☹	♥ ♥ ♥		♥♥
faire du sport		☹			☹	

élève B

aller au cinéma		♥			?	
téléphoner	♥♥		♥♥	☹		♥♥
regarder la télé		♥			♥ ♥ ♥	
faire du sport	☹		☹	☹		☹

les parents de Léo

le frère de Léo

les grands-parents de Léo

l'oncle de Léo

le chien de Léo

la sœur de Léo

117 ❷ 聞いて表を埋めましょう ***Écouter et compléter le tableau.***

	le théâtre	le motocross	le ski	les maths
Karim	**intéressant**			
Isabelle				

Ⓔ Ⓧ Ⓔ Ⓡ Ⓒ Ⓘ Ⓒ Ⓔ Ⓢ

❶ 次の文に *mon, ma, mes* を入れましょう
Compléter le texte par mon, ma, mes.

1. .... frères s'appellent Nicolas et Léo.
2. .... sœur n'aime pas la musique.
3. .... ami est français.
4. .... amie est française.
5. .... grand-père s'appelle Jules.

❷ 例にならって複数形にしましょう
Exemple: *Sa sœur est française.*
⇒ *Ses sœurs sont françaises.*

1. Votre ami parle italien.
2. Ton frère est sympa.
3. Son amie est amusante.
4. Votre sœur travaille.
5. Mon professeur est intelligent.

❸ 例にならって文を続けましょう
Exemple: *C'est intéressant ? (oui, très)*
⇒ *Oui, c'est très intéressant.*

1. C'est sympa ? (non, pas très)
2. C'est difficile ? (oui, très)
3. C'est cher ? (oui, assez)
4. C'est intéressant ? (non, pas très)
5. C'est fatigant ? (oui, assez)

❹ 聞いて印をつけましょう ***Écouter.*** (118)

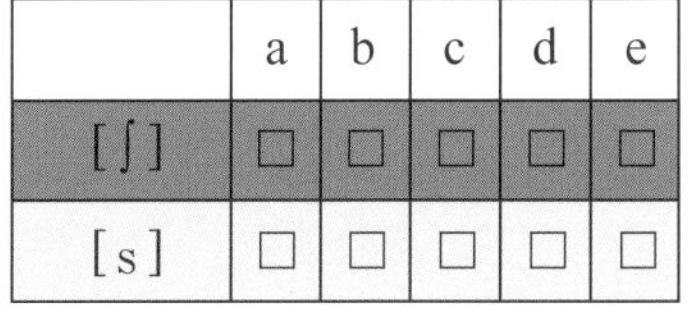

	a	b	c	d	e
[ʃ]	□	□	□	□	□
[s]	□	□	□	□	□

❺ 例にならって文を作りましょう
Exemple: *la boxe / dangereux / mon ami*
⇒ *La boxe, c'est très dangereux, mais mon ami pense que ce n'est pas très dangereux.*

1. le foot / intéressant / ma mère
2. les maths / difficile / mon père
3. le français / facile / ma sœur
4. le travail / fatigant / mon grand-père
5. le métro / pratique / mon ami

❻ 正しい語順に並べ替えましょう
Remettre dans l'ordre.

1. ma / travailler / déteste / sœur
2. que / très / je / facile / pense / c'est
3. le / aime / parce que / c'est / amusant / tennis / j'

❼ 例にならって文を作りましょう
Exemple: *il / détester le golf / cher*
⇒ *Pourquoi est-ce qu'il déteste le golf ?*
Il déteste le golf parce que c'est cher.

1. elle / adorer les films policiers / intéressant
2. tu / ne pas aimer beaucoup le ski / dangereux
3. elles / adorer voyager / intéressant
4. vous / ne pas aimer beaucoup la boxe / violent
5. elle / étudier le français / facile

❽ 例にならって文を作りましょう
Exemple : *son anniversaire: 8 / 12*
⇒ *Son anniversaire, c'est le 8 décembre.*

1. la Fête nationale : 14 / 07
2. Noël : 25 / 12
3. la Fête du Travail : 1er / 05
4. la Saint-Valentin : 14 / 02

Et votre anniversaire, c'est quand ?
Et les fêtes de votre pays, c'est quand ?

le わからん

LE PETIT PRÉCIS GRAMMATICAL

誰の？私の！

フランス語で自分の物を指すときは、mon / ma / mes を使います。男性名詞には mon、女性名詞なら ma、複数形の名詞には mes をつけます。un stylo なら mon stylo, une gomme なら ma gomme, des bonbons なら mes bonbons になります。tu （君）の物を指すときは ton / ta / tes、il / elle （彼 / 彼女）の物を指すときには son / sa / ses を使います。日本語や英語と違って、持ち主の性別にかかわらず、後に来る名詞の性・数によって変化するので注意しましょう。つまり、「彼のお父さん」も「彼女のお父さん」も、「お父さん」が男性なので son père 、「彼のお母さん」も「彼女のお母さん」も、「お母さん」が女性なので sa mère となります。また、nous （私たち）、vous （あなた、あなたたち、君たち）、ils （彼ら）elles （彼女ら）の場合は、notre / nos / votre / vos / leur / leurs で、後に来る名詞の性別によらず、単数形と複数形の違いのみとなります。

どう思う?

intéressant （面白い）、difficile （難しい） などの形容詞には、c'est をつけて、C'est intéressant.「これは面白い」 と表現できます。形容詞が母音または無音の h で始まるときは、リエゾンを忘れないようにしましょう。否定形は、ce n'est pas ... となります。「どうして？」と理由を聞くときは pourquoi ?、「なぜなら～」と理由を言うときは parce que... で文を始めます。

やってみよう

/20

Ⓐ （ ）の所有形容詞を正しい形に変えましょう
Compléter à l'aide du mot entre parenthèses.

1. ________ frère （私の）
2. ________ parents （君の）
3. ________ amie （彼女の）
4. ________ sœurs （彼の）
5. ________ oncle （私の）

Ⓑ votre, vos を使って以下の語を完成させましょう
Compléter par « votre, vos ».

6. ________ amies
7. ________ oncles
8. ________ parents
9. ________ grand-mère
10. ________ frère

Ⓒ 太字の単語を女性形に書き変えましょう
Écrire le mot en gras au féminin.

11. Il est **intéressant**. → Elle est ____________
12. Il est **sérieux**. → Elle est ____________
13. Il est **sportif**. → Elle est ____________
14. Il est **gentil**. → Elle est ____________
15. Il est **pratique**. → Elle est ____________

Ⓓ フランス語にしましょう
Traduire en français.

16. １０月１日です。
17. これはとても美味しいです。
18. 私の友人（女）は面白い人です。
19. 両親はレストランで働いている。
20. フランス語が好きですが、難しいです。

LES LANGUES ÉTRANGÈRES

les langues à l'école

Les Français étudient[1] une langue étrangère[2] à l'école primaire[3]. En général[4], c'est l'anglais. Au collège[5], les Français étudient une deuxième[6] langue étrangère. Au lycée, on peut[7] étudier une troisième langue étrangère.

L'anglais est la langue numéro un[8]. Après[9], c'est l'espagnol, l'allemand et l'italien.

Les Français étudient aussi l'arabe, le japonais ou le chinois mais c'est rare[10].

Est-ce que vous étudiez des langues étrangères au Japon ? Pourquoi[11] étudier trois langues si tout le monde[12] étudie l'anglais ?

《語彙》

1. étudier　勉強する
2. 外国の
3. 小学校
4. en général 一般的に
5. 中学校
6. ２番目の
7. pouvoir ～できる
8. numéro un ナンバーワン
9. 次に
10. 珍しい
11. なぜ
12. 人々

Arnaud 29 ans
Arnaud est professeur de français, il parle anglais et allemand. Il a travaillé en Irlande, en Angleterre, au Canada,...

学校で習う外国語

フランス人は小学校で外国語を勉強します。普通は英語です。中学校で、もうひとつ別の外国語を学びます。高校生になると、３つめの外国語を学ぶことも可能です。

一番学ばれている言語は英語です。その次はスペイン語、ドイツ語、イタリア語。アラビア語や日本語、中国語を学ぶフランス人もいますが、稀です。

日本では外国語を勉強しますか？全ての人が英語を学んでいるのに、３つの外国語を学ぶのはなぜでしょうか？

On mémorise les nombres

数字を覚えよう

119

60 soixante

70 soixante-dix

80 quatre-vingts

90 quatre-vingt-dix

❶ 数字を書いてみましょう *Écrire les nombres.*

61 ....

76 ....

85 ....

99 ....

72 ....

89 ....

74 ....

64 ....

91 ....

❷ 聞いて書きましょう *Écouter.* 120

Ⓐ .... + ... = ...

Ⓑ .... + ... = ...

Ⓒ .... + ... = ...

Ⓓ .... + ... = ...

Ⓔ .... + ... = ...

ATTENTION

121

soixante et un

soixante et onze

quatre-vingt-un

quatre-vingt-onze

122 ❸ Ⓐ 聞いて書きましょう *Écouter et compléter.*

Exemple:

M. Dupont

02 . *41* . *65* . *87* . *43*

M. Aziz

....

M. Boudin

....

Mlle Belle

....

Mme Gérome

....

Ⓑ 電話番号を言ってみましょう *Parler.*

Exemple:

- Quel est le numéro de téléphone de M. Dupont ?
- C'est le zéro deux, quarante et un, soixante-cinq, quatre-vingt-sept, quarante-trois.
- Je répète : zéro deux, quarante et un, soixante-cinq, quatre-vingt-sept, quarante-trois.
- Oui, c'est bien ça.

On va plus loin

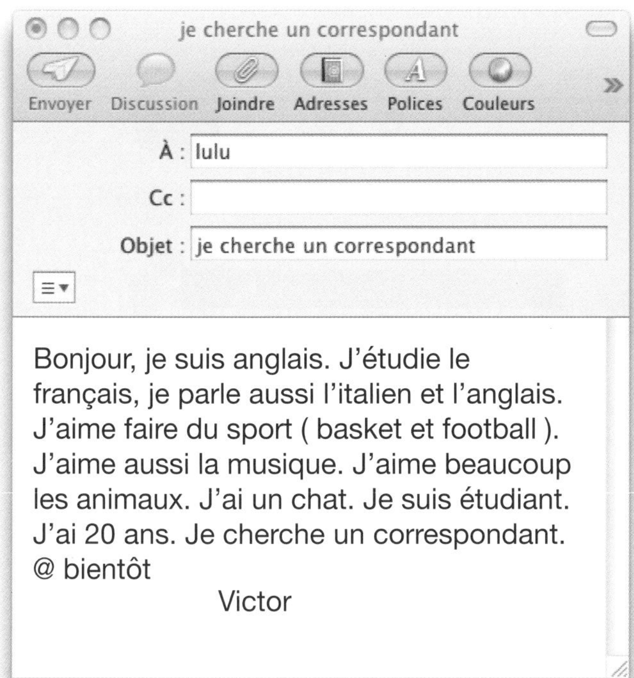

❶ Ⓐメールを読んで、答えましょう
Lire le message et répondre.

1. Il s'appelle comment ?
2. Il aime quels sports ?
3. Est-ce qu'il a un animal ?
4. Il a quel âge ?
5. Est-ce qu'il parle l'espagnol ?
6. Il étudie quoi ?

Ⓑ 返事を書いてみましょう（家族や友達のことなど）
Écrire la réponse (parlez de votre famille, de vos amis…)

123 ❸ 質問に答えましょう
Répondre aux réponses aux questions ci-dessous.

1. Vous vous appelez comment ?
2. Vous faites quoi dans la vie[1] ?
3. Vous avez quel âge ?
4. Vous habitez où ?
5. Vous parlez quelles langues ?
6. Est-ce que vous aimez étudier ?
7. Votre anniversaire, c'est quand ?
8. Est-ce que vous faites du sport ?
9. Vous aimez faire quoi ?
10. Présentez votre famille.

1) Vous faites quoi dans la vie ? : あなたの職業は何ですか？

(124) 聞いて、繰り返しましょう **VOCABULAIRE**

Qu'est-ce que c'est ? C'est …

C'est...
Ce n'est pas ...

	sing.	pl.
m.	un	des
f.	une	

Qu'est-ce que c'est ?
= C'est **quoi** ?
~~Qu'est-ce que ce sont ?~~

(125) よく聞いて繰り返しましょう。例にならって会話しましょう **MODÈLE 1**

Écouter et répéter. Poser d'autres questions selon le modèle.

C'est **un** sac.

C'est **une** lampe.

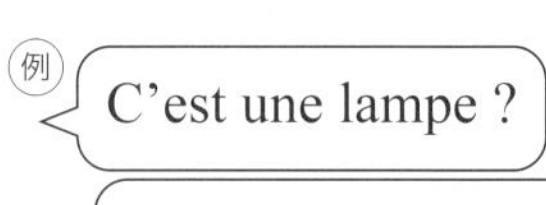

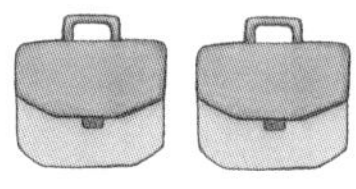

Ce sont **des** sacs.

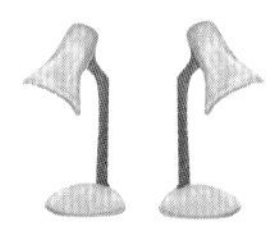

Ce sont **des** lampes.

Ce sont des sacs ?

Non, ce sont des lampes.

(126) よく聞いて繰り返しましょう。例にならって会話しましょう **MODÈLE 2**

Écouter et répéter. Poser d'autres questions selon le modèle.

VOCABULAIRE 例にならって文を作りましょう (127)

Regarder les modèles et continuer la conversation à partir des dessins ci-dessous.

C'est **une** table.

C'est **une** plante.

La plante est **sur la** table.

dans
sur

MODÈLE 3 下の絵を見ながら、例にならって文を作りましょう (128)

Observer les modèles et faire des phrases à partir des dessins ci-dessous.

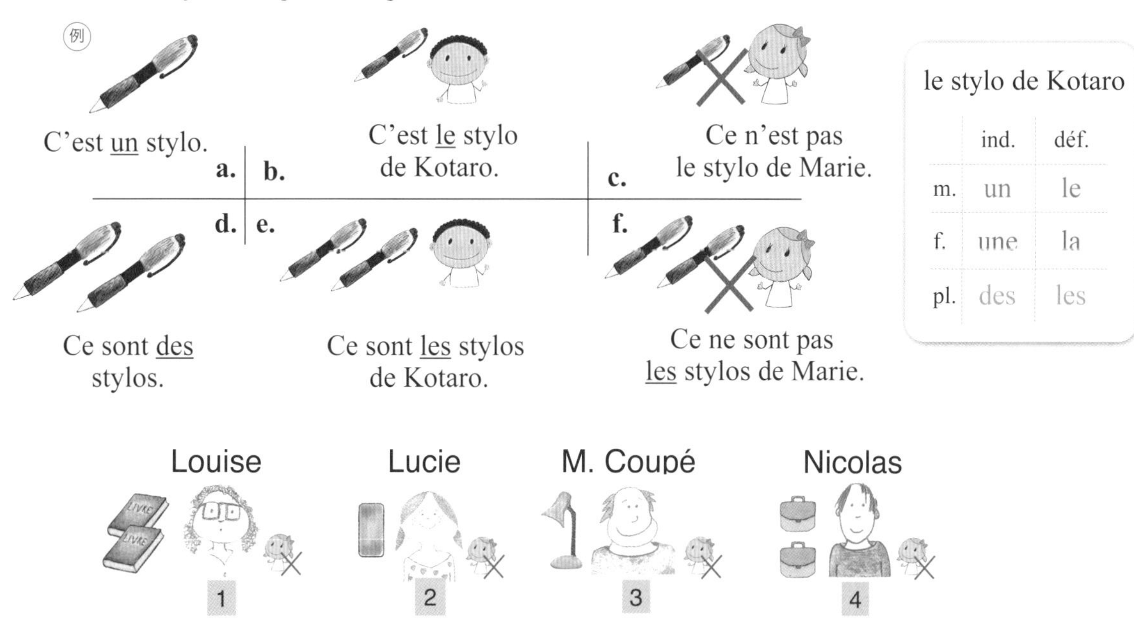

a. C'est un stylo.

b. C'est le stylo de Kotaro.

c. Ce n'est pas le stylo de Marie.

d. Ce sont des stylos.

e. Ce sont les stylos de Kotaro.

f. Ce ne sont pas les stylos de Marie.

le stylo de Kotaro

	ind.	déf.
m.	un	le
f.	une	la
pl.	des	les

MODÈLE 4 下の絵を見ながら、例にならって文を作りましょう (129)

Observer le modèle et faire des phrases à partir des dessins ci-dessous.

- Le portefeuille est où ?
- Il est sur la table de M. Coupé.

1 **Lucie**

2 **M. Coupé**

3 **Nicolas**

4 **Louise**

Activités

❶ 会話をしてみましょう *Parler.*

- Comment dit-on "une lampe" en chinois ?
- Je ne sais pas.

- Comment dit-on "des lunettes" en anglais ?
- On dit "glasses".
- "Lunettes", ça s'écrit comment ?
- "L.U.N.E.T.T.E.S".
- Merci.

130 ❷ 聞いて印をつけましょう *Écouter.*

	1	2	3	4	5
[ɑ̃]	□	□	□	□	□
[ɔ̃]	□	□	□	□	□

❸ 2人組になって、１人が何かを思い浮かべましょう。もうひとりは質問を３つしてみましょう
Penser à un objet, poser trois questions.

Exemple:
- *C'est un stylo ?*
- *Non, ce n'est pas un stylo.*
- *C'est un sac ?*
- *Non, ce n'est pas un sac.*
- *C'est une boîte ?*
- *Non, ce n'est pas une boîte.*
- *Qu'est-ce que c'est ?*

❹ Ⓐ よく聞いて、答えましょう *Écouter et répondre.* 131

Mlle Lucie

M. Coupé

Mme Bec

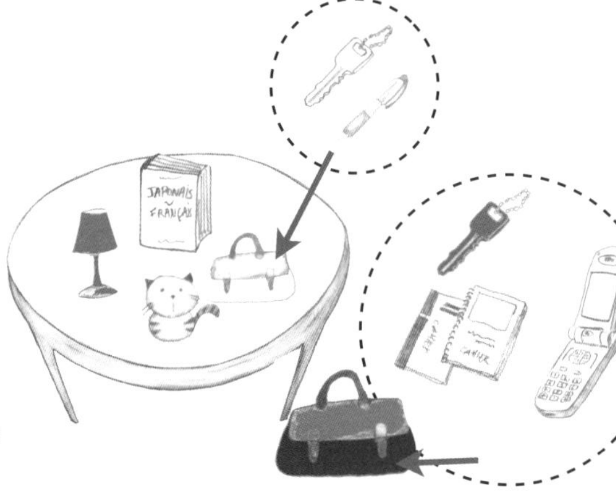

Ⓑ 会話をしてみましょう *Parler.*
- Est-ce que le sac de madame Bec est sur la table ?
- Non, il n'est pas sur la table.

132 Ⓒ よく聞いて、内容が正しければvrai、間違っていたらfauxに印をつけましょう
文を書き取ってみましょう
Écouter et cocher la case vrai ou faux. Écrire les phrases.

madame (Mme)
monsieur (M.)
mademoiselle (Mlle)

	vrai	faux
1	□	□
2	□	□
3	□	□
4	□	□

1. ....
2. ....
3. ....
4. ....

❶ 例をまねて文を作りましょう

Exemple: *C'est un dictionnaire.*
⇒ Ce n'est pas un dictionnaire.

1. Ce sont des tickets.
2. C'est un cahier.
3. Elle est française.
4. J'habite à Tokyo.
5. C'est sur le lit.

❷ 例をまねて文を作りましょう

Exemple: *stylo / Paul*
⇒ C'est le stylo de Paul.

1. clé / Camille
2. sac / Wahid
3. plante / Carine
4. photos / Mélanie
5. dictionnaire / Marika
6. plantes / mon frère

❸ 例をまねて文を作りましょう

Exemple: *portable / table*
⇒ Le portable est sur la table.

1. lunettes / lit
2. clé / sac
3. stylos / table
4. photo / sac
5. dictionnaire / lit

(133) ❹ Ⓐよく聞いて、印をつけましょう

Écouter et cocher la bonne réponse.
Exemple: *Le chat est sur le lit.*

	masculin	féminin	singulier	pluriel
ex.	☑	☐	☑	☐
a.	☐	☐	☐	☐
b.	☐	☐	☐	☐
c.	☐	☐	☐	☐
d.	☐	☐	☐	☐
e.	☐	☐	☐	☐

Ⓑ文を書き取ってみましょう ***Écrire les phrases.***

(134) ❺ Ⓐよく聞いて、印をつけましょう

Écouter et cocher la bonne réponse.
Exemple: *Le chat est sur la table.*

	(table)	(sac)	(lit)	(boîte)
(clé)				
(livres)				
(stylo)				
(chat)	✔			

Ⓑ 表を見ながら、質問してみましょう

Regarder le tableau et poser des questions.
Exemple: *Où est le chat ?*

Ⓒできるだけたくさん文を書いてみましょう

Écrire le maximum de phrases.
Exemple: *Le chat n'est pas sur le lit. Le chat est sur la table.*

❻ 例にならい、文を作りましょう

Exemple: *C'est le livre de Paul.*
⇒ Ce n'est pas le livre de Paul.

1. Elle aime beaucoup le gâteau au chocolat.
2. Ils habitent à côté de Paris.
3. Ce sont des Français.
4. Ils parlent japonais.

G R A M M A I R E

le わからん

LE PETIT PRÉCIS GRAMMATICAL

un？ le？

C'est un stylo. と言うときには、stylo は男性名詞ですから un をつけます。でも「それはコウタロウの万年筆です」と言うときには、C'est le stylo de Kotaro. となり、stylo の前は、un ではなく、le になります。un も le もどちらも冠詞ですが、un は不定冠詞と呼ばれ、話の中に初めて出てきた物などの前に用います。一方 le は定冠詞です。「コウタロウの万年筆」のように持ち主が明らかになっていれば、聞き手は「どの万年筆」であるのかわかりますね。このような場合には定冠詞を用います。「鍵はどこ？」と誰かに質問する場合、相手はその鍵がどの鍵であるか、わかっていなければなりませんね。ですから、「鍵がどこ？」は La clé est où？と定冠詞を用います。

それは何？

qu'est-ce que の後ろに c'est を続けると、Qu'est-ce que c'est？「それは何ですか？」という疑問文になります。答えは、C'est + un + 男性名詞、C'est + une + 女性名詞です。同じ物が複数ある場合は、男性名詞でも女性名詞でも Ce sont des ... となります。C'est un / une ...？とイントネーションを上げると、それは〇〇ですか？という質問です。違っていたら、Non, ce n'est pas un / une ... と答えましょう。

〇〇はどこ？

La boîte est où？「箱はどこ？」と聞かれたら、sur la table「テーブルの上」を使って、La boîte est sur la table. と答えます。「ベッドの上」なら、sur le lit を使いましょう。鍵はどこ？ dans le sac「カバンの中」ですよ。

des？ les？

不定冠詞には３つの形があります。男性形が un、女性形が une、複数形は男性も、女性も des です。des の最後の s は読まないので、気をつけましょう。定冠詞にも３つの形があります。男性形が le、女性形が la、複数形は男性も、女性も les です。les の 最後の s も読みません！

やってみよう

/20

Ⓐ un, une, des を使って以下の語を完成させましょう
Compléter par « un, une, des ».

1. ________ livres
2. ________ chaise
3. ________ portable
4. ________ lit
5. ________ plantes

Ⓑ 冠詞を使って文を完成させましょう
Compléter par un article.

6. C'est ______ clé.
7. C'est ______ clé de Paul.
8. Ce sont ______ clés.
9. Ce sont ______ clés de Paul.
10. _____clé est où？

Ⓒ dans, surを使って文を完成させましょう
Compléter par « dans, sur ».

11. Le cahier est ________ la table.
12. Le stylo est ________ le sac.
13. Le sac est ________ la chaise.
14. La boîte est ________ la table.
15. Le sac est ________ le lit.

Ⓓ フランス語にしましょう
Traduire en français.

16. メガネは私のカバンの中にあります。
17. ペンが箱の中にあります。
18. 本がポールのテーブルの上にあります。
19. それは椅子ではありません。
20. これは何ですか？

VOUS CONNAISSEZ LA FRANCE ? 

135
ils roulent

le président
les gens
souvent

Q1. En France, il y a environ...

a. 68 millions d'habitants.
b. 88 millions d'habitants.

Q2. En France, les voitures roulent...

a. à droite. b. à gauche.

Q3. En France, les enfants portent un uniforme.

a. Oui. b. Non.

Q4. Les Français votent à partir de...

a. 16 ans. b. 17 ans. c. 18 ans. d. 19 ans.

Q5. En France, environ...

a. 45 % des femmes travaillent.
b. 65 % des femmes travaillent.
c. 85 % des femmes travaillent.

Q6. Qui est le président de la République française ?

____

Q7. En France, il n'y a pas de Premier ministre.

a. C'est vrai. b. C'est faux.

Q8. En France, les gens écoutent souvent la radio dans leurs voitures.

a. C'est vrai. b. C'est faux.

environ およそ　une voiture 車　rouler 走る　un enfant 子ども
voter 投票する　à partir de ～から　les femmes 女性
le président 大統領　la République française フランス共和国
le Premier ministre 総理大臣、首相　les gens 人々　souvent しばしば

Et au Japon, c'est comment ?

rythme et intonation

フランス語では、文の最後の音節にアクセントを置きます。つまり、最後の音節の母音は他の音節よりもやや強くやや長めに発音されます。また、疑問文では文末のイントネーションを上げ、肯定文では下げます。

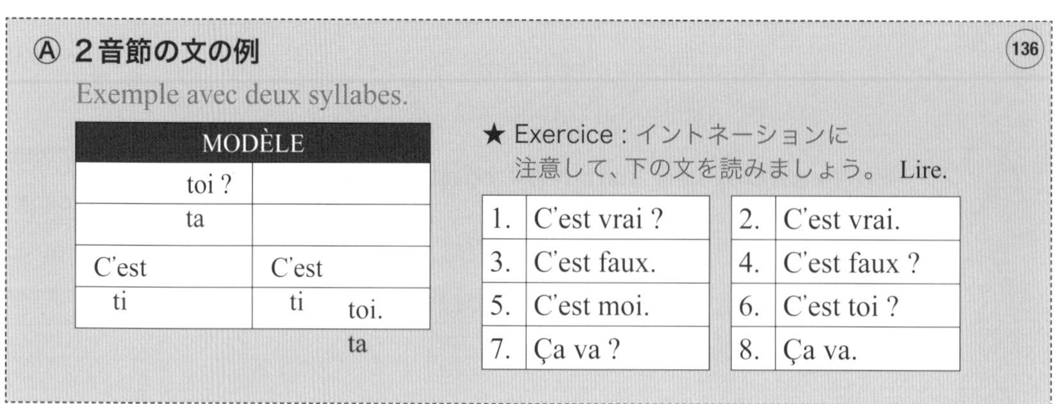

Ⓐ 2音節の文の例

Exemple avec deux syllabes.

MODÈLE	
toi ?	
ta	
C'est	C'est
ti	ti toi.
	ta

★ Exercice : イントネーションに注意して、下の文を読みましょう。 Lire. 136

1.	C'est vrai ?	2.	C'est vrai.
3.	C'est faux.	4.	C'est faux ?
5.	C'est moi.	6.	C'est toi ?
7.	Ça va ?	8.	Ça va.

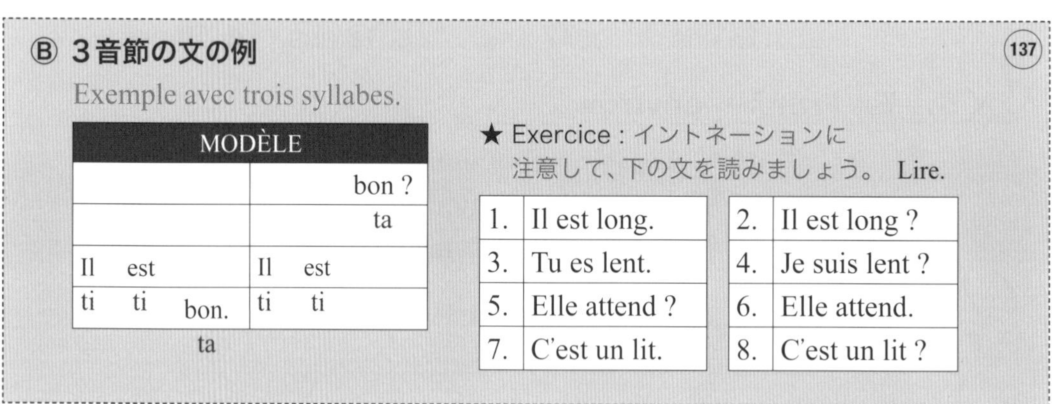

Ⓑ 3音節の文の例

Exemple avec trois syllabes.

MODÈLE	
	bon ?
	ta
Il est	Il est
ti ti bon.	ti ti
ta	

★ Exercice : イントネーションに注意して、下の文を読みましょう。 Lire. 137

1.	Il est long.	2.	Il est long ?
3.	Tu es lent.	4.	Je suis lent ?
5.	Elle attend ?	6.	Elle attend.
7.	C'est un lit.	8.	C'est un lit ?

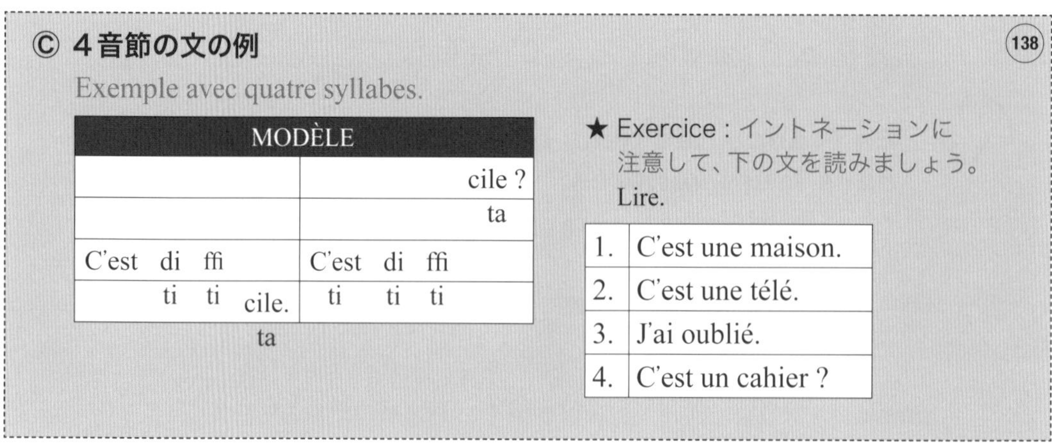

Ⓒ 4音節の文の例

Exemple avec quatre syllabes.

MODÈLE	
	cile ?
	ta
C'est di ffi	C'est di ffi
ti ti cile.	ti ti ti
ta	

★ Exercice : イントネーションに注意して、下の文を読みましょう。 Lire. 138

1.	C'est une maison.
2.	C'est une télé.
3.	J'ai oublié.
4.	C'est un cahier ?

voir aussi p.64

On va plus loin

❶ 次の文を読んでみましょう *Lire.*

En France, 21% des familles ont un chien et 28% des familles ont un chat. Les Français appellent souvent leurs chiens Roxy, Filou, Simba ou Canelle. Les chats s'appellent souvent Gribouille, Mimi, Chipie ou Caramel.

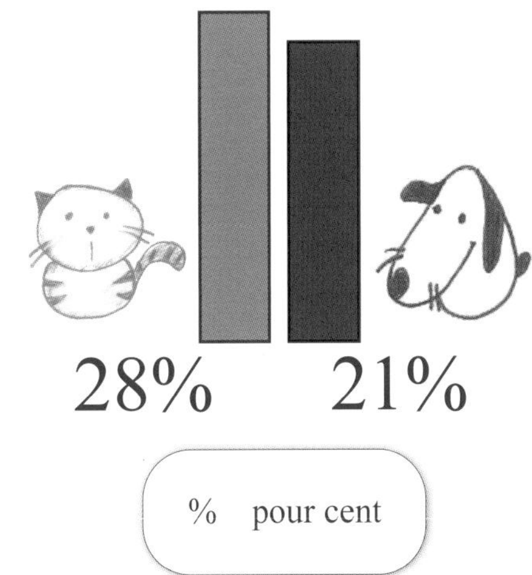

Au total, il y a 80 millions d'animaux de compagnie en France. Les chiens et les chats sont très populaires mais les Français aiment aussi les oiseaux et les poissons.

% pour cent

Je n'ai pas d'animal de compagnie. **J'aimerais avoir** un chat. Et vous ?

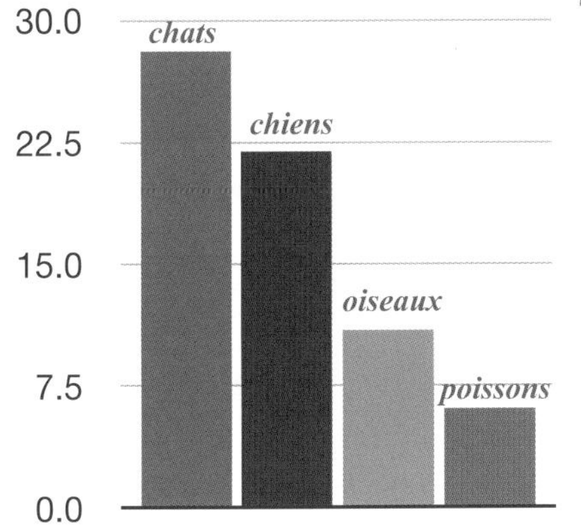

❷ 例にならって書きましょう *Écrire.*

㊎ En France, 21 % des familles ont un chien.

28 % ....

11 % ....

5 % ....

❸ あなたの国ではどうですか？
Dans votre pays, c'est comment ?

❹ 次の質問に答えましょう ***Répondre aux questions.***

un anima**l** → des anima**ux**
un journa**l** → des journ**aux**
un cheva**l** → des chev**aux**

1. Vous avez peur de quel animal ?
2. Qu'est-ce que vous préférez ? les araignées ou les cafards ?
3. Vous aimez le cheval ?
4. Vous aimez les chevaux ?
5. Vous aimez le lapin ?
6. Vous aimez les corbeaux ?
7. Qu'est-ce que vous préférez ? Manger une araignée vivante ou manger un cafard mort ?
8. Vous préférez boire un jus d'insectes ou manger petit cafard vivant ?

J'ai peur des serpents. Et vous ?

❺ 変な質問を１つ考えましょう ***Écrire une question bizarre.***

139 イラスト *a* から *d* について、モデルにならって文を作りましょう **MODÈLE 1**

Regarder les modèles et continuer la conversation à partir des dessins ci-dessous.

être	
je	suis
tu	es
il	est
elle	est
nous	sommes
vous	êtes
ils	sont
elles	sont

- Où sont les cahiers ?
- Ils sont sur la table.

a.

b.

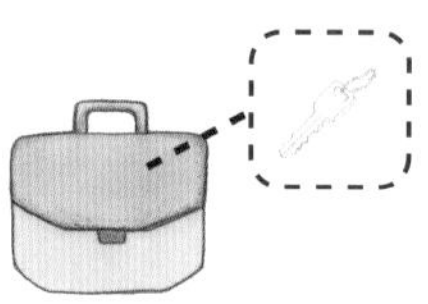

c.

d.

140 聞いて繰り返しましょう **MODÈLE 2**

Écouter et répéter.

il y a

Dans la boîte, il y a un sac.

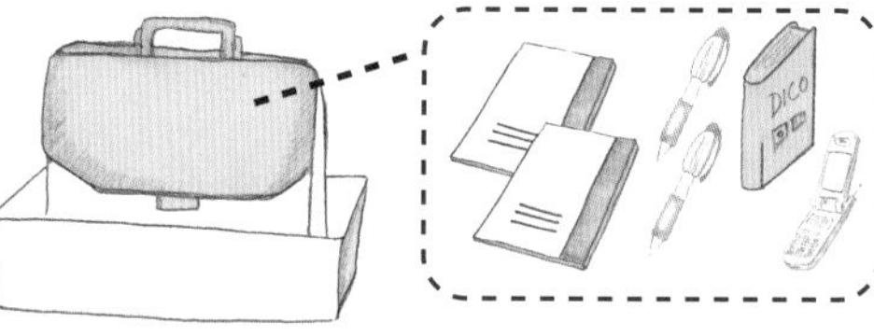

Dans le sac, il y a deux stylos, deux cahiers, un dictionnaire et un portable.

Faire des variations.
イラスト a から c について、モデルにならって文を作りましょう

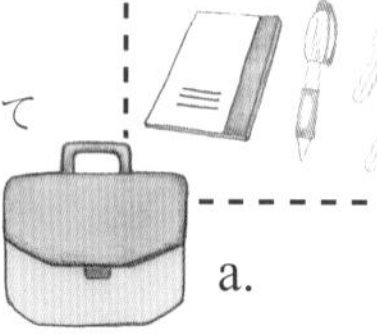

a.

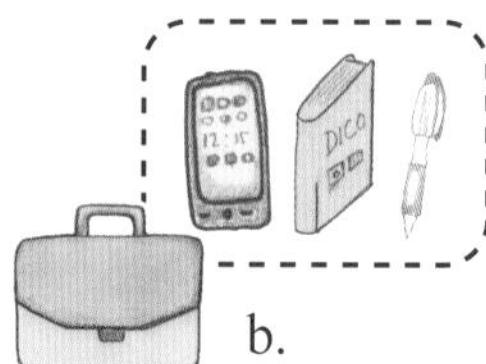

b.

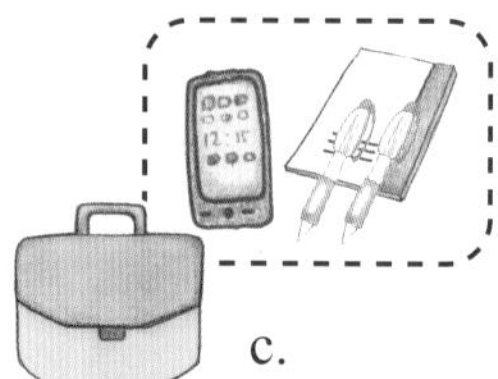

c.

質問に答えましょう **MODÈLE 3**

Répondre aux questions.

Qu'est-ce qu'il y a ?
est-ce que
qu'est-ce que

1. Est-ce qu'il y a des stylos dans la boîte ?
   ⇒ ....
2. Est-ce qu'il y a un dictionnaire dans la boîte ?
   ⇒ ....
3. Qu'est-ce qu'il y a dans la boîte ?
   ⇒ ....

MODÈLE 4 例をよく見て、文を作りましょう (141)

Observer le modèle et faire des variations.

Il y a un sac vert.
Le sac est vert.

Il y a une chaussure verte.
La chaussure est verte.

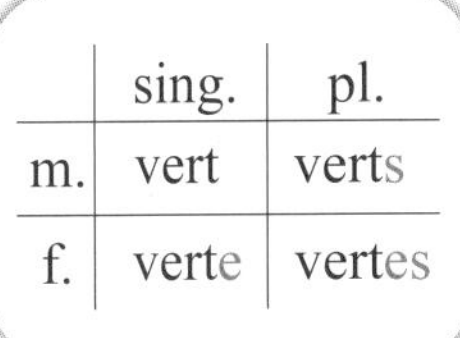

	sing.	pl.
m.	vert	verts
f.	verte	vertes

Il y a des sacs verts.
Les sacs sont verts.

Il y a des chaussures vertes.
Les chaussures sont vertes.

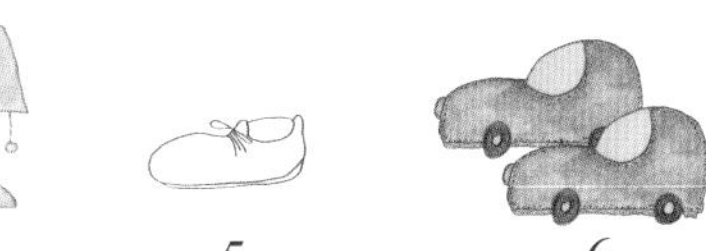

1. 2. 3. 4. 5. 6.

(142) 聞いて印をつけましょう
Écouter.

	[v]	[b]
1	☐	☐
2	☐	☐
3	☐	☐
4	☐	☐
5	☐	☐
6	☐	☐

MODÈLE 5 読んで、会話を続けましょう (143)

Lire le texte et continuer à poser des questions.

- Est-ce qu'il y a un sac sur la table de Mélanie ?
- Non, il n'y a pas de sac.

- Est-ce qu'il y a une plante verte ?
- Non, il n'y a pas de plante verte.

- Est-ce qu'il y a des mouchoirs ?
- Non, il n'y a pas de mouchoirs.

Il y a une plante.
Il n'y a pas de plante.

Il y a un stylo.
Il n'y a pas de stylo.

Il y a des stylos.
Il n'y a pas de stylos.

MODÈLE 6 イラスト *a* から *d* について、モデルにならって文を作りましょう

Observer le modèle et faire des variations. (144)

- Est-ce que Matéo a un sac ?
- Oui, il a un sac.
- De quelle couleur est le sac de Matéo ?
- Il est rouge.
- De quelle couleur sont les chaussures de Matéo ?
- Elles sont jaunes.

ⓐ

ⓑ

ⓒ ⓓ

vocabulaire

le chapeau, la veste, la chemise,
le pantalon, les chaussures, la jupe,
le T-shirt, la cravate, la ceinture

de quelle couleur... ?

Activités

❶ 例にならって話しましょう *Parler.*

Exemple: - *Est-ce qu'il y a des cahiers ?*
- *Oui, il y a des cahiers.*
- *Où sont les cahiers ?*
- *Ils sont sur la chaise.*

❷ 質問の答えを書きましょう *Écrire: Qu'est-ce qu'il y a dans le sac ?*

....

....

....

....

❸ Ⓐ 聞いて色を書きましょう *Écouter et compléter.* (145)

Ⓑ 左の絵を見て正誤の印をつけましょう *Cocher la réponse correcte.*

	vrai	faux
1. Matéo a un pantalon vert.	□	□
2. La chemise de Matéo n'est pas blanche.	□	□
3. Ses chaussures sont noires.	□	□
4. Sa veste n'est pas verte.	□	□

❹ 下の質問に答えましょう *Répondre.*

Quels vêtements est-ce que vous avez aujourd'hui ?

Quels vêtements a votre professeur ?

Qu'est-ce qu'il y a dans votre sac ?

EXERCICES

❶ 聞いて絵を結び、色を言いましょう (146)

Écouter, relier et indiquer la couleur.

❷ 例にならい、色を表す単語をつけましょう

Exemple: *noir / une gomme ⇒ Une gomme noire.*

1. blanc / des tables
2. rouge / un stylo
3. gris / un pantalon
4. vert / une chemise

❸ 例にならい、文を作りましょう

Exemple: *Il y a un stylo. ⇒ Il n'y a pas de stylo.*

1. Il y a des tables vertes.
2. Il y a une lampe sur la table.
3. Il y a un portable dans le sac.
4. Il y a des clés sur la table de Paul.

❹ 正しい順序に並べ替えましょう

Remettre dans l'ordre.

1. est / sac / le / noir
2. table / sac / sur / de / Léo / est / la / le
3. est / quelle / de / Paul / cahier / le / couleur / de
4. n' / vous / Paris / habitez / à / pas

❺ 文（肯定形と否定形）を完成させましょう

Exemple: *Léa .... avec Nicolas. (parler)*
⇒ Léa parle avec Nicolas.
⇒ Léa ne parle pas avec Nicolas.

1. Léa et Matéo ……… avec Paul. (parler)
2. Les clés ……… sur le lit. (être)
3. Le portable de Paul .... dans le sac. (être)
4. Il .... à Paris. (habiter)
5. Vous .... à Lyon. (travailler)

❻ 例にならい、質問を作りましょう

Exemple: *Il est professeur.*
⇒ Qu'est-ce qu'il fait comme travail ?

1. La table est rouge.
2. Le cahier de Léa est dans la boîte.
3. Elle habite à Paris.
4. Il est acteur.
5. C'est un stylo.
6. Il y a une photo sur la table.

❼ 例にならい、文を作りましょう

Exemple: *table / stylo / Paul*
⇒ Sur la table, il y a un stylo, mais ce n'est pas le stylo de Paul.

1. chaise / sac / Lucie
2. lit / cahier / Léon
3. boîte / stylos / Louise
4. télévision / lampe / Nicolas
5. lit / chats / Lila
6. table / photo / Mélanie

❽ 例にならい、質問と答えを作りましょう

Exemple: *table / lampe*
- Qu'est-ce qu'il y a sur la table ?
- Il y a une lampe.

1. sac / lunettes
2. lit / sac
3. boîte / clés
4. table / photo
5. sac / portable
6. boîte / plante

❾ 聞いて男性名詞、女性名詞を聞き分けましょう

Écouter. (147)

	a	b	c	d	e	f
féminin	□	□	□	□	□	□
masculin	□	□	□	□	□	□

G R A M M A I R E

le わからん

LE PETIT PRÉCIS GRAMMATICAL

vert ? verte ? verts ? vertes ?

vert は色を表します。「緑色の」という形容詞です。形容詞は、国籍や職業と同じように、修飾する名詞に合わせて形を変えます。男性単数形は vert、女性単数形は verte です。女性形では最後の -t を読むので、発音が変わり注意が必要です。男性複数形、女性複数形は、それぞれの単数形に -s を付け、verts、vertes です。複数の印の -s は発音されないので、単数形と複数形では発音は同じです。

1個？ 0個？

カバンの中に、辞書が 1 冊入っていれば、Dans le sac, il y a un dictionnaire. 2冊なら deux dictionnaires ですね。では、辞書が入っていなければ、なんと言えばいいでしょうか。Il y a の否定形は Il n'y a pas ですから、Il n'y a pas de dictionnaire. とします。 dictionnaire の前の de は「0冊」を意味します。入っていないのですから、un（ 1冊、 1個 ）というわけにはいきませんね。

何がある？

il y a は便利な表現です。Il y a un stylo, des stylos, deux stylos のように il y a の後ろに、不定冠詞（ un, une, des ）または数字を付けた名詞を続けます。名詞が単数でも複数でも、il y a はいつも il y a です。場所の表現と組み合わせれば、どこに何があるかを言うことができます。何があるのか尋ねたいときには、Qu'est-ce qu'il y a に場所の表現を続けます。

やってみよう

/20

Ⓐ un, une, des, de を使って文を完成させましょう
Compléter par « un, une, des, de ».

1. Il y a ______ livres.
2. Il n'y a pas ______ cahier.
3. Il n'y a pas ______ chaise.
4. C'est ______ chat.
5. Ce ne sont pas ______ sacs.

Ⓑ 動詞 être を活用させましょう
Conjuguer le verbe « être ».

6. je ______
7. elles ______
8. nous ______
9. ils ______
10. vous ______

Ⓒ（ ）の形容詞を正しい形に変えましょう
Compléter à l'aide du mot entre parenthèses.

11. Les chemises ______ （ 緑 ）
12. Les cravates ______ （ 白 ）
13. Le pantalon ______ （ 黒 ）
14. La boîte ______ （ ピンク ）
15. Les jupes ______ （ 黄色 ）

Ⓓ フランス語にしましょう
Traduire en français.

16. 彼らは青いズボンをはいている。
17. カバンは何色ですか？
18. お母さんのスカートは赤いです。
19. テーブルの上に何がありますか？
20. 灰色の箱はテーブルの上にあります。

le verbe avoir

AVOIR （不定形）

	肯定形 (148)		否定形				+ 補語 complément (149)
私は	j'	ai	je	n'	ai	pas	froid
君は	tu	as	tu	n'	as	pas	20 ans
彼は	il	a	il	n'	a	pas	de chat
彼女は	elle	a	elle	n'	a	pas	d'amis français
私達は	nous	avons	nous	n'	avons	pas	mal
あなた、あなた達は	vous	avez	vous	n'	avez	pas	besoin de dormir
彼らは	ils	ont	ils	n'	ont	pas	envie de partir
彼女らは	elles	ont	elles	n'	ont	pas	peur de parler

具体的または抽象的な物を所有・利用する意味を持っています。
衣服を着ていることを表す意味もあります。親族関係や友人関係を表現するのにも使われます。
avoirを使った表現：avoir chaud 暑い、avoir sommeil 眠い、avoir froid 寒い、avoir faim 空腹である、avoir mal 痛い、avoir honte 恥ずかしい、avoir raison 正しい、avoir tort 間違っている、など。

❶ 下線部に必要な語を書きましょう

例 Elle ……. froid. → *Elle **a** froid.*

1. J' ……… chaud et tu ……… froid.
2. Il ……… faim et elle ……… soif.
3. Elles …… raison et ils ……… tort.
4. Nous ……… mal et vous ……… peur.

❷ 下線部に必要な語を書きましょう

例 ….. as faim. → ***Tu** as faim.*

1. …... ai chaud.
2. ….. / ….. ont soif.
3. ….. avons envie de dormir.
4. ….. / ….. a peur.

❸ 否定文を作りましょう

例 Il a faim. → *Il **n'**a **pas** faim.*

1. Vous avez froid.
2. J'ai un chat.
3. Ils ont honte.
4. J'ai des amis français.

❹ 主語を単数に変えましょう

例 Nous avons faim. → ***Tu as** faim.*

1. Ils ont mal.
2. Vous avez froid.
3. Nous avons peur.
4. Vous avez 20 ans.

❺ 主語を複数に変えましょう

例 Tu as faim. → ***Vous avez** faim.*

1. J'ai froid.
2. Il a sommeil.
3. Elle a tort.
4. Tu as raison.

❻ フランス語にしましょう
Traduire.

1. 彼女たちは外出するのが怖いです。
2. 君は恥ずかしくないのですか？
3. あなたが正しい、彼は20歳ではありません。
4. 私たちはのどが渇いていません。空腹です。

rythme et intonation

意味、構造上のまとまりをなす語は「リズムグループ」と呼ばれ、それぞれの最後の音節にアクセントを置きます。イントネーションは、肯定文の場合、最後のリズムグループの最後の音節では下げますが、その前のグループでは軽く上げます。

Ⓐ リズムグループが２つの場合 150

Exemple avec deux groupes rythmiques.

MODÈLE
pain
J'aime le　　　　et le
ti　ti　ta　ti ti　vin.

ta

★ ***Exercice*** : イントネーションに注意して、下の文を読みましょう。 ***Lire.***

1.	J'aime la France et le Japon.
2.	Ils parlent anglais et chinois.
3.	C'est à Paris ou à Lille.
4.	C'est le livre de Thomas.

Ⓑ リズムグループが３つの場合 151

Exemple avec trois groupes rythmiques.

MODÈLE
pain,　vin
J'aime le　　le　　et le fro
ti　ti　ta　ti　ta　ti ti ti　mage.

ta

★ ***Exercice*** : イントネーションに注意して、下の文を読みましょう。 ***Lire.***

1.	J'aime la France, le Japon et la Corée.
2.	Ils parlent anglais, chinois et français.
3.	C'est à Paris, à Lille ou à Toulouse.
4.	C'est le livre de Thomas et Cyprien.

Ⓒ リズムグループが４つの場合 

Exemple avec quatre groupes rythmiques.

MODÈLE
pain,　vin,　　mage
J'aime le　　le　　le fro　　et le ca
ti　ti　ta　ti　ta　ti ti　ta　ti ti ti　fé.

ta

★ ***Exercice*** : イントネーションに注意して、下の文を読みましょう ***Lire.***

1.	J'aime la France, le Japon, la Corée et la Chine.
2.	Ils parlent anglais, chinois, français et italien.
3.	C'est à Paris, à Lille, à Toulouse ou à Tours.
4.	C'est le livre de Thomas, Cyprien et Anne.

On va plus loin

la possession
所有を表す表現

❶ 自分の消しゴム、ノートなどを使って話しましょう *Parler. (utilisez votre gomme, cahier, etc.)*

MODÈLE 1

(153)

- Le stylo bleu est à vous ?
- Oui, c'est mon stylo.

❷ ce / cet / cette / ces の中から適当なものを選んで書きましょう
Écrire : compléter par ce / cet / cette / ces.

   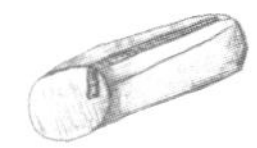 

___ bonbons __ mouchoir ___ livre ___ trousse ___ lapin

  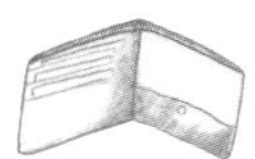  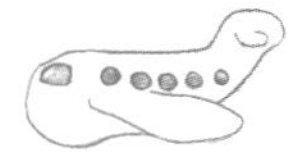

___ enveloppes ___ gomme _ portefeuille ___lunettes ___ avion

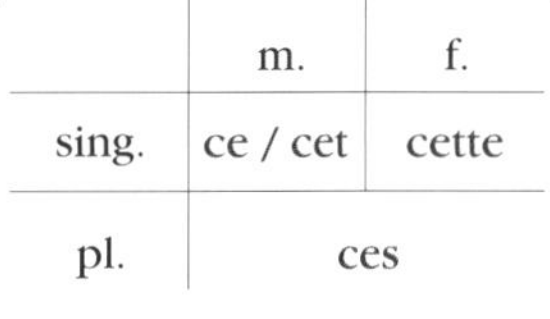

	m.	f.
sing.	ce / cet	cette
pl.	ces	

ce stylo, ces stylos
cette lampe, ces lampes
⚠cet arbre, ces arbres

MODÈLE 2

- Cette gomme est à vous ?
- Oui, c'est ma gomme.

❸ 例にならって誰の持ち物か話しましょう *Parler.* (154)

Frank et Éric

Exemple:
- Ce stylo est à qui ?
- C'est le stylo de Frank et Éric.
- Ah bon, c'est à eux ?
- Oui, oui, c'est à eux.

Lou et Nao

Magali

Mina et Léon

Paul

Où est le chat?

155 例を見て意味を考えましょう **MODÈLE 1**

Observer et deviner le sens des phrases.

devant
derrière
entre
sur
sous
à gauche (de)
à droite (de)
dans

❶

Le chat est à gauche de la boîte.

❷

Le chat est à droite de la boîte.

❸

Le chat est derrière la boîte.

❹

Le chat est devant la boîte.

❺

Le chat est entre les boîtes.

❻

Le chat est sur la boîte.

❼

Le chat est sous la boîte.

❽

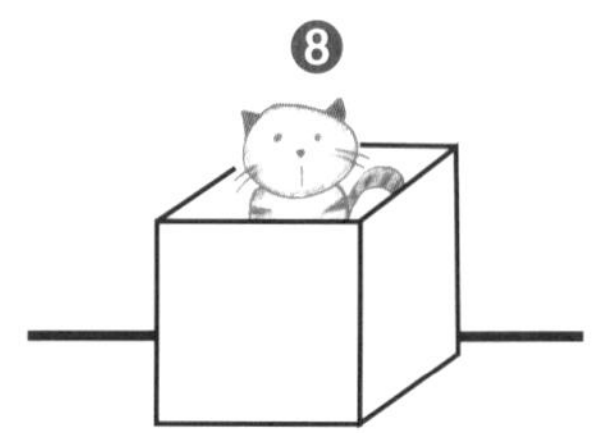

Le chat est dans la boîte.

de+la	= de la
de+le	= du
de+les	= des

à gauche
- de la boîte
- du stylo
- des boîtes
- des stylos

MODÈLE 2 テキストを読み、絵を描きましょう
Lire le texte et dessiner.

絵を見て答えましょう (156)
Écouter.

	vrai	faux
1	□	□
2	□	□
3	□	□
4	□	□
5	□	□
6	□	□

sous / sur
[su] / [syr]

Il y a une table. Sur la table, il y a un dictionnaire, deux petites lampes rouges et un stylo. Le dictionnaire est à gauche. Le stylo est entre les lampes. Sous la table, il y a un sac et une grande boîte jaune. Le sac est à gauche de la grande boîte jaune. Dans le sac, il y a un portable et un ticket de métro. Devant la table, il y a un chat.

petit grand
un petit chat
un grand chat

petit grand

une petite lampe
une grande lampe

MODÈLE 3 モデルを見て、質問を続けましょう (157)
Observer les modèles et continuer à poser des questions.

1. Qu'est-ce qu'il y a sur la table ?
⇒ Il y a deux lampes, un stylo et un dictionnaire.

2. Où est le chat ?
⇒ Il est devant la table.

3. Est-ce qu'il y a un sac ?
⇒ Oui, il y a un sac sous la table.

4. Il y a combien de lampes sur la table ?
⇒ Il y a deux lampes.

5. Les lampes sont de quelle couleur ?
⇒ Elles sont rouges.

combien de

Activités

❶ 絵を見てよく聞きましょう *Écouter et regarder les dessins.* (158)

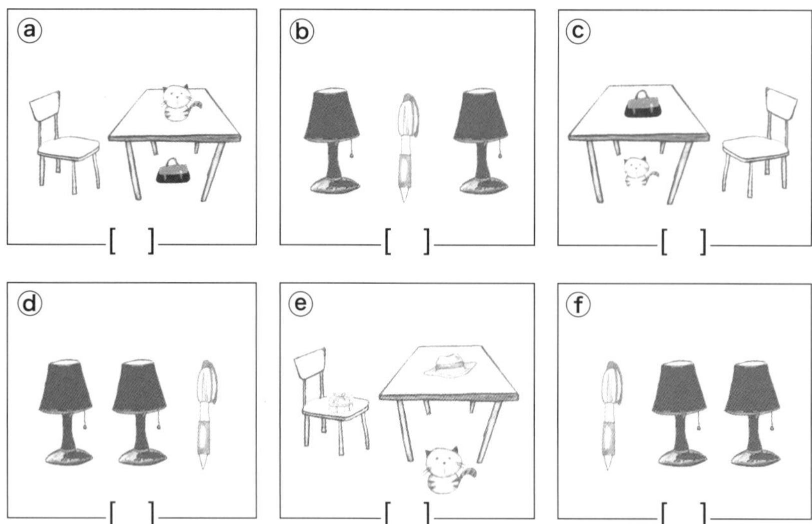

❷ よく聞いて、絵を描きましょう *Écouter et dessiner.* (159)

❸ 絵を描き、説明しましょう *Dessiner et expliquer le dessin.*

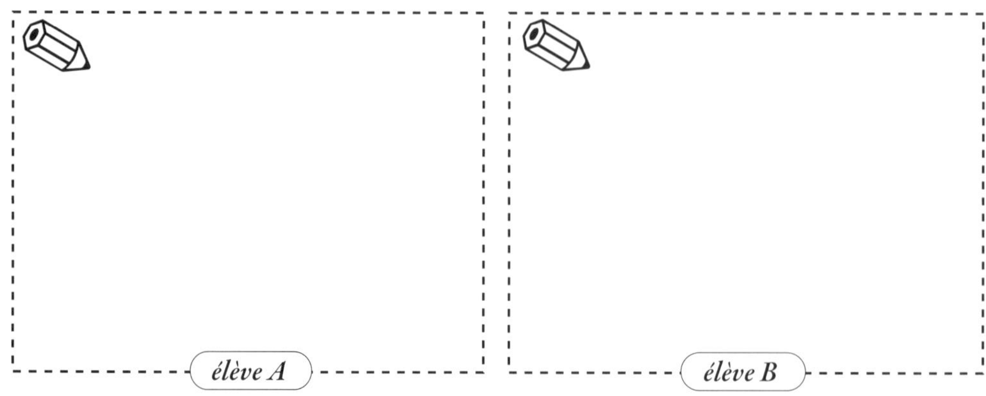

EXERCICES

❶ 例にならって文を完成させましょう

Exemple: *À droite .... sac, il y a une télévision.*
⇒ À droite du sac, il y a une télévision.

1. À droite .... livre, il y a un sac.
2. À gauche .... table, il y a une chaise.
3. À droite .... chaise, il y a une table.
4. À gauche .... stylo, il y a une plante.

❷ 例にならって文を作りましょう

Exemple: *sur / table*
⇒ Qu'est-ce qu'il y a sur la table ?

1. derrière / chien
2. dans / boîte
3. sur / lit
4. à droite de / sac
5. à gauche de / chaise

❸ 例にならって文を作りましょう

Exemple: *stylos / sur / table*
⇒ Il y a combien de stylos sur la table ?

1. photos / à gauche de / sac
2. chaises / à droite de / table
3. plantes / entre / livres
4. livres / devant / dictionnaire

❹ 8課で出てくる単語を8つ見つけましょう
Chercher 8 mots de la leçon.

E	R	U	S	O	U	S	N	D
A	H	I	O	T	D	U	T	E
D	E	R	R	I	E	R	E	V
R	A	S	R	U	G	U	N	A
O	D	O	U	O	E	A	R	N
I	A	G	A	U	C	H	E	T
T	N	I	R	G	O	T	D	R
E	S	O	E	N	T	R	E	N

❺ 絵を見ましょう *Regarder le dessin.*

Ⓐ 質問に答えましょう *Répondre aux questions.*

1. Qu'est-ce qu'il y a dans le sac ?
2. Il y a combien de dictionnaires sur la table ?
3. Où est le stylo ?
4. Qu'est-ce qu'il y a à gauche du sac ?
5. Il y a combien de tickets dans le sac ?

Ⓑ 絵を見て文を書きましょう
Regarder le dessin et écrire.

Exemple: *Il y a une table*..................................

....

....

....

....

Ⓒ 今度は自分で絵を描きましょう。そして質問を５つ作り、答えましょう *À vous. Faites un dessin, posez cinq questions sur ce dessin. Répondez aux questions.*

❻ 聞いて印をつけましょう *Écouter.*

Ⓐ 160

	1	2	3	4	5
[y]	□	□	□	□	□
[u]	□	□	□	□	□

Ⓑ 161

	1	2	3	4	5
sur	□	□	□	□	□
sous	□	□	□	□	□

GRAMMAIRE

le わからん

LE PETIT PRÉCIS GRAMMATICAL

上、下、前、後

「〜の上に（で）」と言うときには、sur を用い、その後に定冠詞を付けて名詞を続けます。sur は名詞の前に置かれるため前置詞と言います。位置関係を表す前置詞は sur の反対の sous 「〜の下に」や、devant「〜の前に」、derrière「〜の後ろに」など、他にもあります。entre は「〜と〜の間に」という意味ですから、後には複数の名詞が来なければなりません。à gauche de 「〜の左側に」、à droite de「〜の右側に」のようにいくつかの単語が集まって、ひとつの前置詞のように働く場合もあります。

à gauche du ? de ? des ?

Le chat est à gauche de la boîte. というとき、boîte には定冠詞 la がついていますね。では、猫がカバンの左にいたら、どうでしょうか。カバンは男性名詞ですから le sac となりますが、à gauche de にそのまま le sac を続け、à gauche de le sac とすることはできません。de と le は隣り合ったら、ひとつにまとめて du にします。→ Le chat est à gauche du sac. de の後に、複数の定冠詞 les が続いた場合には、de と les をひとつに縮めて des とします。カバンがいくつかあって、その左側に猫がいたら、Le chat est à gauche des sacs. です。de la は縮まることなく、そのままです。

こそあど言葉

フランス語には、基本的に「この」「その」「あの」の区別はなく、全て ce, cette, ces で表します。男性単数の名詞には ce, 女性単数には cette, 複数の場合は ces を付けますが、男性名詞でも母音もしくは無音の h で始まる語には cet arbre, cet homme のように、cet を付け、t とリエゾンします。

やってみよう

/20

Ⓐ le, du, les, des を使って文を完成させましょう
Compléter par « le, du, les, des ».

1. C'est devant ______ sac.
2. C'est entre ______ sacs.
3. C'est à gauche ______ sac.
4. C'est dans ______ sac.
5. C'est à droite ______ sac.

Ⓑ ce, ces, などを使って以下の語を完成させましょう
Compléter par « ce, cet, cette, ces ».

6. ______ trousse
7. ______ portefeuille
8. ______ ami
9. ______ amis
10. ______ amie

Ⓒ 単語を正しく並べ替えて文を作りましょう
Retrouver l'ordre.

11. petite / table / est / rouge / la / .
12. as / un / grand / sac / tu / noir / .
13. couleur / est / de / quelle / la / boîte / ?
14. grand / livre / blanc / un / il / a / y / .
15. les / chats / la / devant / sont / table / .

Ⓓ フランス語にしましょう
Traduire en français.

16. ポールの本はこのテーブルの下にある。
17. この財布は何色ですか？
18. それは緑のカバンの後ろにあります。
19. 箱の前に、赤ペンは何本ありますか？
20. 先生はピンクのシャツを着る。

On va plus loin

AVOIR 肯定形 (162) 否定形 (163)

J'	ai	un livre.	Je	n' ai	pas	de livre.
Tu	as	20 ans.	Tu	n' as	pas	d' amie suisse.
Il	a	une amie suisse.	Il	n' a	pas	20 ans.
Nous	avons	chaud.	Nous	n' avons	pas	chaud.
Vous	avez	peur de parler.	Vous	n' avez	pas	peur de parler.
Ils	ont	besoin de dormir.	Ils	n' ont	pas	besoin de dormir

avoirを使った表現：avoir chaud 暑い、avoir sommeil 眠い、avoir froid 寒い、avoir faim 空腹である、avoir mal 痛い、avoir honte 恥ずかしい、avoir raison 正しい、avoir tort 間違っている、など。

具体的または抽象的な物を所有・利用する意味を持っています。衣服を着ていることを表す意味もあります。親族関係や友人関係を表現するのにも使われます。

❶ 右側にある語彙を使って、会話をしましょう
Parler.

- Avez-vous des questions ?
- Oui, j'ai une question.
- Quelle est votre question ?

questions	gros défaut
phobie	problème
talent	surnom

❷ Ⓐ 以下の記述が真実か偽かを言いましょう
Dire si elle a tort ou raison.

La tour Eiffel n'est pas à Paris.

La Terre est plate.

Le camembert est un fromage.

Ⓑ 偽の主張と真の主張を一つずつ書きましょう
À vous ! Écrivez une affirmation fausse et une vraie.

❸ 以下の画像についてコメントをしましょう
Qu'est-ce qu'il a ?

❹ よく聴いて、右側の語彙を使って答えましょう (164)
Écouter et répondre.

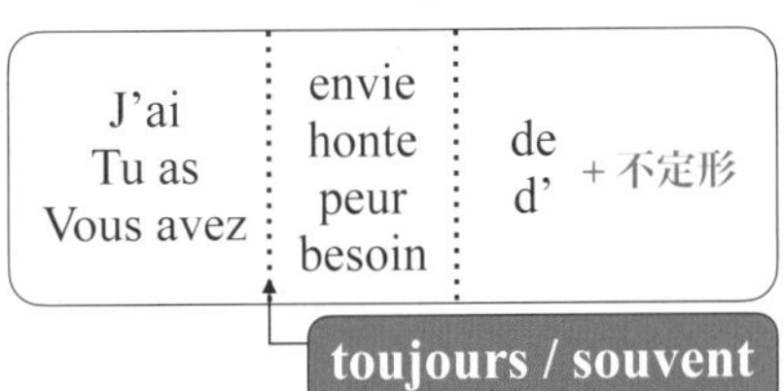

- *Tu* ***as besoin de*** *quoi ?*
- *J'****ai besoin de*** *dormir.*

voyager	bouger	vérifier
dormir	échouer	mourir
danser	étudier	parler
sortir	chanter	réussir

Révisions

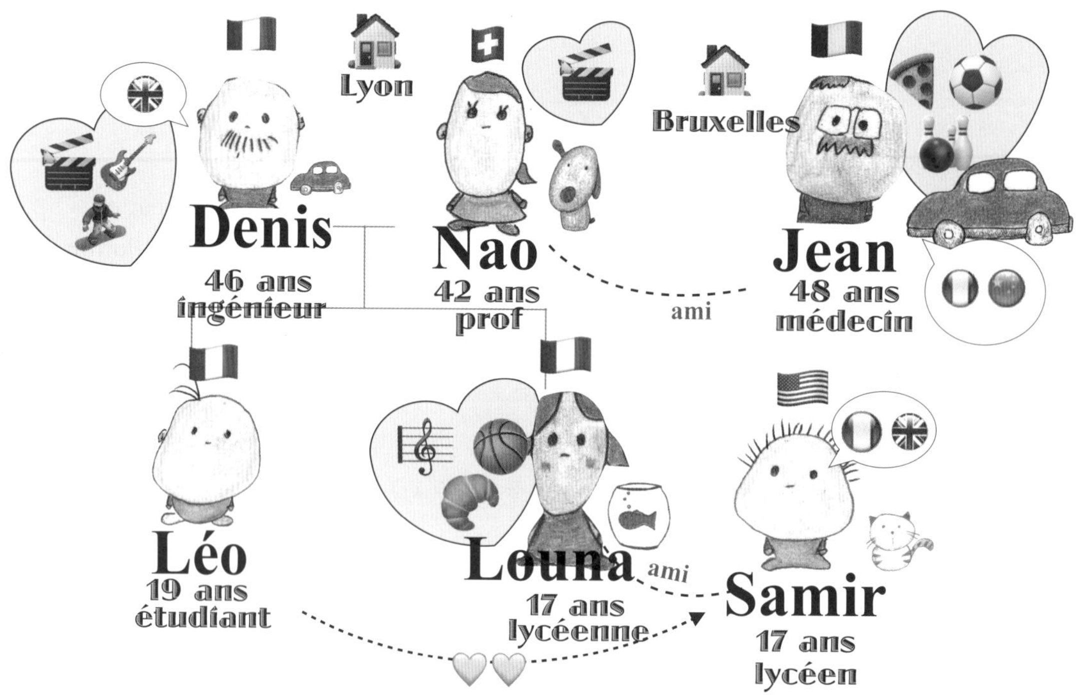

❶ 絵を見て会話を続けましょう ***Regarder les dessins, continuer le dialogue.***

㊎ - Qui a une grande voiture ?	- C'est l'ami de la mère de Léo.
- Les parents de Léo ont quel âge ?	- Le père de Léo a 46 ans et la mère de Léo a 42 ans.
- Est-ce que Léo a un animal ?	- Non, il n'a pas d'animal.
- Le père de Léo parle quelle langue ?	- Il parle anglais.
- Jean habite où ?	- Il habite à Bruxelles.
- Qui aime le cinéma ?	- C'est Nao et Denis.
- Est-ce que la sœur de Léo travaille ?	- Non, elle est lycéenne.

❷ 活用を覚えましょう

avoir	
j'	**ai**
tu	**as**
il / elle	**a**
nous	**avons**
vous	**avez**
ils / elles	**ont**

❸ 答えましょう ***Répondre aux questions.***

1. Où est le père de Léo ?
2. Où est Léo ?
3. Qui est sur la table ?
4. Qui est derrière le chat ?

....	....	**médecin**	....	....
....	**Jacques**	....	....	....
....	....	....	....	**français**

❶ 下の文を読んで上の表を埋めましょう *Compléter le tableau à l'aide des informations ci-dessous.*

1. Jacques est entre Nicolas et Julia.
2. Le pâtissier est espagnol.
3. Le chanteur est à gauche du médecin.
4. Le Canadien est entre le Brésilien et l'Italienne.
5. Le professeur est à droite.
6. L'acteur est à gauche.
7. Paul n'est pas professeur.
8. Le pâtissier est entre le Français et l'Italienne.
9. Jacques n'est pas pâtissier.
10. Le professeur est à côté de l'Espagnol.
11. Paul est à côté de Lucien.
12. Nicolas n'est pas canadien.
13. Le Brésilien est acteur.

❷ oui / non / si を使って質問に答えましょう *Répondre aux questions par oui / non / si.*

1. L'acteur n'est pas italien ?
2. Le professeur n'est pas à droite ?
3. L'acteur est à gauche ?
4. Le pâtissier n'est pas espagnol ?

Leçon 9 買い物をする

165 聞いて会話文をまねましょう **MODÈLE 1**
Écouter et jouer la scène.

Léo - S'il vous plaît...
la serveuse - Messieurs, bonjour.
Léo et Marc - Bonjour.
Marc - Bonjour, vous avez des sandwichs ?
la serveuse - Oui, jambon ou fromage ?
Marc - Je voudrais un sandwich au jambon et un café, s'il vous plaît. Et toi Léo, qu'est-ce que tu prends ?
Léo - Je voudrais un Perrier.
la serveuse - Alors, un sandwich au jambon, un café et un Perrier ?
Léo - Oui, s'il vous plaît.
la serveuse - Voilà. Treize euros.
Léo - Tenez.
la serveuse - Merci.

s'il vous plaît
voilà
merci

vouloir
je voudrais
vous voulez

messieurs
mesdames
mesdemoiselles
messieurs-dames

166 ❶ 聞いてメモしましょう *Écouter et compléter.*

a. ...... , ...
b. ...... , ...
c. ...... , ...
d. ...... , ...
e. ...... , ...
f. ...... , ...

167 **les plats**

	€
Croque-monsieur	6.25
Croque-madame	7.25
Salade	
niçoise	8.40
mixte	8.60
Sandwich	
au jambon	6.50
au fromage	7.00

les boissons

	€
Café	2.50
Thé	3.20
Chocolat chaud	3.00
Perrier	4.12
Coca-Cola	3.75
Jus de tomate	4.02
Jus d'orange	4.02
Vittel	3.80

❷ 3人のグループ（ひとりはサービス係、ふたりは客）で注文をしてみましょう。サービス係はカフェの主人に注文を伝え、頼まれたものを運びます。

À vous ! Par groupes de trois (un serveur et deux clients), passez des commandes. Le serveur répète la commande au patron du café et après, il apporte les commandes.

単語と絵をむすびましょう **VOCABULAIRE** (168)

Associer les mots ci-dessous aux images.

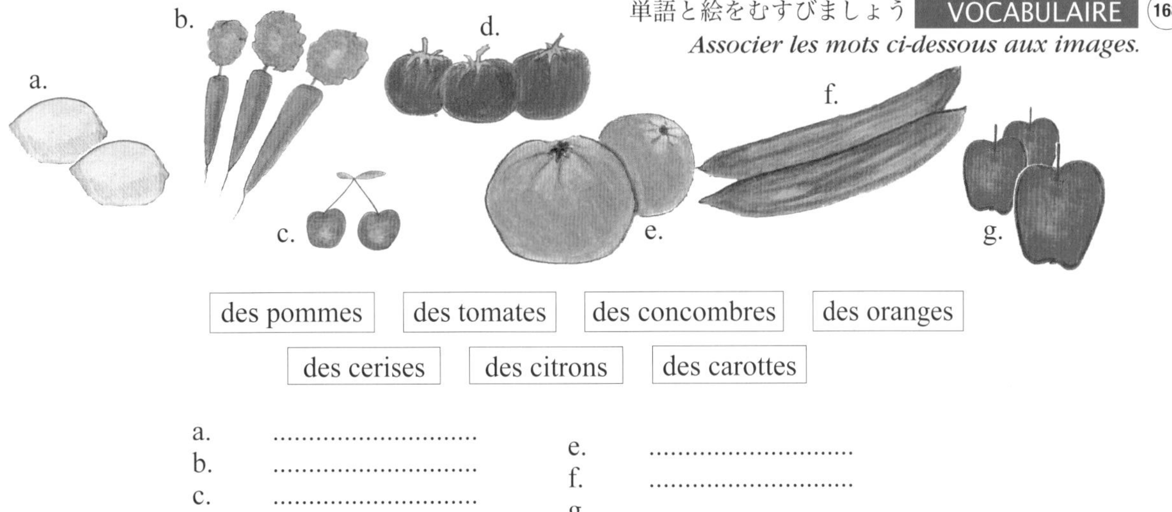

des pommes	des tomates	des concombres	des oranges
des cerises	des citrons	des carottes	

a. ....
b. ....
c. ....
d. ....
e. ....
f. ....
g. ....

MODÈLE 2 例にならって会話をしましょう (169)

Observer le modèle et faire des variations.

- Est-ce qu'il y a des pommes ?
- Oui, il y en a.
- Il y a combien de pommes ?
- Il y en a deux.
- Et des citrons ? Il y en a ?
- Non, il n'y en a pas.

Il y en a J'en ai	un. une. deux. trente. cinquante. soixante-dix. quatre-vingts. cent.
Il **n'y** en a **pas**.	

MODÈLE 3 例にならって会話をしましょう (170)

Observer le modèle et faire des variations.

Exemple :

500 g

4 €

- Bonjour monsieur.
- Bonjour madame.
- Vous avez des cerises ?
- Ah oui, j'en ai... regardez... Vous en voulez combien ?
- J'en voudrais cinq cents grammes.
- Voilà, cinq cents grammes de cerises. C'est tout, madame ?
- Oui.
- Alors, quatre euros, s'il vous plaît.

un kilo de tomates

Ⓐ
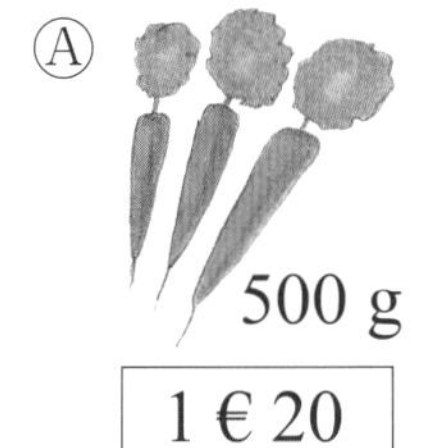
500 g
1 € 20

Ⓑ
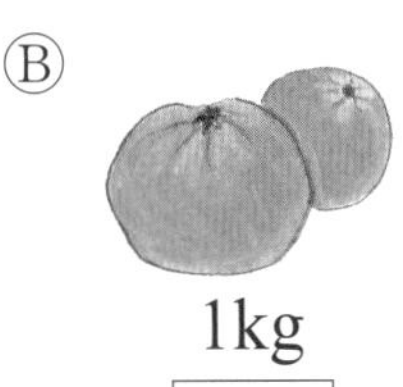
1kg
2 €

Ⓒ

2 kg
4 € 40

Ⓓ
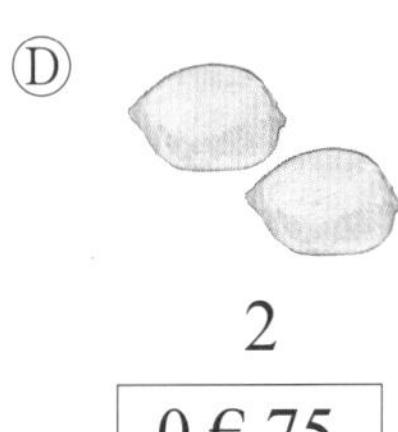
2
0 € 75

Activités

171 ❶ 聞いて表を完成させましょう *Écouter et compléter.*

	boisson	plat
Exemple	***Coca-Cola***	***sandwich au jambon***
Ⓐ		
Ⓑ		
Ⓒ		

❷ 聞いて空欄を埋めましょう *Écouter et compléter.*

172

- Bonjour ______
- Bonjour ______
- ______ des pommes ?
- Ah oui, ______ regardez... ______ combien?
- ______
- ______. C'est tout, madame ?
- Oui.
- Alors, ______, s'il vous plaît.

❸ 表をひとつ選び、例にならって友達に質問しながら、空いているところを埋めましょう
Parler. Choisir une grille et compléter à partir des informations données par un camarade.
Exemple: *- Il y a combien de téléphones portables dans le sac ?*
- Il y en a un.

élève 1

		9		8
	7		46	
		82		81
	5		15	
		20		8
	61		47	
		12		10
	11		78	

élève 2

	1		6	
		22		4
	31		3	
		41		9
	3		5	
		7		21
	9		68	
		4		6

❹ お店やバーでの会話を作ってみましょう *Parler.*

Vous allez à la boulangerie. Vous achetez trois pains et un gâteau. Ensuite, vous allez au marché et vous achetez 500 g de cerises, trois citrons et deux concombres. Au marché, vous rencontrez un ami. Vous allez au café et vous prenez un plat et une boisson.

❶ 例にならって文を作りましょう

Exemple: *un café*

⇒ Je voudrais un café, s'il vous plaît.

1. un thé
2. un chocolat chaud
3. un sandwich au fromage
4. un jus de tomate
5. un Perrier et un croque-madame

❷ 例にならって文を作りましょう

Exemple: *sandwich au jambon / 3 euros*

⇒ Un sandwich au jambon, c'est combien ?
C'est trois euros, monsieur.

1. café / 2 euros
2. thé / 2,40 euros
3. sandwich au fromage / 3,50 euros
4. salade niçoise / 6,75 euros
5. jus d'orange / 3,33 euros

❸ 例にならって文を作りましょう

Exemple: *oranges / oui*

⇒ Est-ce qu'il y a des oranges ? Oui, il y en a.

1. carottes / oui
2. pommes / non
3. concombres / oui
4. citrons / non
5. cerises / non

❹ 例にならって文を作りましょう

Exemple: *cerises / 1 kg*

⇒ Je voudrais un kilo de cerises.
⇒ J'en voudrais un kilo.

1. carottes / 500 g
2. pommes / 2 kg
3. oranges / 1 kg
4. cerises / 500 g
5. tomates / 2 kg

❺ 例にならって文を作りましょう

Exemple: *Je prends des livres.*

⇒ J'en prends.

1. Mon oncle a une voiture.
2. Mes frères ont des chats.
3. Est-ce que tu prends un café ?
4. Je voudrais un croque-monsieur.
5. Vous avez des sandwichs.

❻ 例にならって文を作りましょう

Exemple: *vous / avoir / boissons*

⇒ Qu'est-ce que vous avez comme boissons ?

1. ils / avoir / plats
2. tu / prendre / boisson
3. vous / vouloir / sandwich

❼ AとBの違いを見つけ、書いてみましょう

Exemple: *Sur le dessin A, il y a un chat derrière le sac mais sur le dessin B, il n'y en a pas.*

GRAMMAIRE

le わからん

LE PETIT PRÉCIS GRAMMATICAL

買い物をしよう！

お店に入ったら、まず Bonjour ! と挨拶し、欲しいものを言います。s'il vous plaît「お願いします」を忘れずにつけましょう。 Ce sera tout ?「これで全部ですか？」と聞かれたら、C'est tout.「これで全部です」と答えましょう。Voilà.「はい、どうぞ」と商品を渡されたら、Merci.「ありがとう」と言って受け取ります。お店を出るときには、Au revoir.「さようなら」を忘れずに！おいしいパンは買えましたか？

カフェに行こう

カフェに入ったらまずサービス係や店の主人に Bonjour ! と挨拶しましょう。そして飲み物、食べ物を決めたら、S'il vous plaît !「お願いします」とサービス係に声をかけます。サービス係がやって来たら、Je voudrais un Perrier. 「ペリエを下さい」と、Je voudrais に続けて、欲しいものを言いましょう。または、Un Perrier, s'il vous plaît. のように欲しいものに s'il vous plaît をつけて注文することもできます。注文した品が運ばれてきたら、Merci !「ありがとう」を忘れずに。

名詞の代わりに en

en は代名詞、すなわち名詞の代わりをします。例えば、Est-ce qu'il y a des tables ? と聞かれ、Oui, il y a des tables. と答えるかわりに、Oui, il y en a. と言います。en は des tables の代わりですね。動詞の前に移動するから注意しましょう。Il y a combien de tables ? と聞かれ、２個あれば、Il y a deux tables. ですが、これも en を使って、Il y en a deux. と答えることができます。en はやはり tables の代わりですが、数字は最後に残ります。テーブルがひとつもなければ、Il n'y en a pas. となります。

やってみよう

/20

Ⓐ en, un, des, une, de を使って、答えましょう
Complétez par « en, un, des, une, de ».

1. - Vous avez ______ tartes aux fraises ?
2. - Oui, j' ______ ai. Regardez ! ⬅ 問１の回答
3. Tu prends ______ orange.
4. ______ Perrier, s'il vous plaît.
5. Combien ______ tomates ? deux ?

Ⓑ prendreを活用させましょう
Conjuguer le verbe « prendre ».

6. je ________
7. elles ________
8. tu ________
9. vous ________
10. nous ________

Ⓒ 単語を正しく並べ替えて文を作りましょう
Retrouver l'ordre.

11. il / y / pas / a / en / n' / .
12. voulez / combien / en / vous / ?
13. plaît / s' / il / vous / !
14. C' / est / merci / tout / .
15. un / melon / voudrais / aussi / je / .

Ⓓ フランス語にしましょう
Traduire en français.

16. オレンジジュースが欲しいです。
17. こんにちはマダム、バゲットを２本ください。
18. ありますよ、ほら見てください。
19. おいくらですか？
20. ニンジンはありますか？

PAGE CULTURELLE

le pourboire

Et vous, vous donnez combien?

En France, le pourboire[1] n'est pas obligatoire[2]. Mais il y a la tradition[3], les Français laissent[4] parfois[5] un peu d'argent[6] pour le serveur[7].

Si on prend seulement[8] un café ou un chocolat chaud[9], on donne[10] un petit pourboire de 50 centimes environ[11]. Mais quand on va au restaurant, on donne un pourboire de plusieurs[12] euros. Quand le service[13] est mauvais[14], les clients[15] ne donnent pas de pourboire.

《語彙》

1. チップ	2. 義務	3. 伝統
4. laisser 置く	5. 時々	6. お金
7. サービス係	8. ～だけ	9. 熱い
10. donner 与える	11. だいたい	12. いくらかの
13. サービス	14. 悪い	15. お客

チップはおいくら?

フランスではチップは義務づけられているわけではありませんが、伝統的に、フランス人たちはサービス係のために少しだけお金を置いていきます。コーヒーやココア1杯なら少しだけ、だいたい50サンチームほど。でもレストランに行ったときは数ユーロ払います。サービスが悪ければ、チップは置きません。

On mémorise les nombres

数字を覚えよう

(173)

100	200	300	400	500
cent	deux cents	trois cents	quatre cents	cinq cents

600	700	800	900	1000
six cents	sept cents	huit cents	neuf cents	mille

❶ 聞いて書きましょう *Écouter et écrire.* (174)

a. ______________________　　e. ______________________

b. ______________________　　f. ______________________

c. ______________________　　g. ______________________

d. ______________________　　h. ______________________

❷ 例にならって書きましょう *Écrire.*

Exemple: *Le sac coûte quatre cent cinquante-six euros.*

le sac
456 €

le manteau	**le pantalon**	**les chaussures**	**la table**
179 €	244 €	321 €	789 €

❸ 例にならって話しましょう *Parler.* (175)

Exemple: *A : Il y a combien de kilomètres entre Calais et Paris ?*
B : Il y a 286 *kilomètres entre Calais et Paris.*

élève A

Calais						
	Dijon					
111	500	**Lille**				
			Lyon			
595	638	605	761	**Nantes**		
1223	775	1154	472	1145	**Nice**	
						Paris

élève B

Calais						
570	**Dijon**					
		Lille				
754	194	691	**Lyon**			
				Nantes		
					Nice	
286	314	230	466	385	953	**Paris**

On va plus loin faire des achats 買い物をする

❶ Ⓐ 会話をしましょう *Parler.* (176)

une baguette 0,80 €

- Bonjour monsieur.
- Bonjour madame, une baguette, s'il vous plaît.
- Ce sera tout ?
- C'est tout, merci.
- Quatre-vingts centimes, s'il vous plaît.
- Voilà.
- Merci.
- Au revoir, madame.
- Au revoir, monsieur.

trois éclairs au café 4 € 45	un pain au chocolat 1 €
deux baguettes 1 € 60	deux croissants 2 € 70

Ⓑ 聞いて表を埋めましょう *Écouter et compléter le tableau.* (177)

	ex.	A	B	C
éclair	2			
baguette	1			
croissant	0			
TOTAL	3 € 40			

❷ Ⓐ 会話をしましょう *Parler.* (178)

1 kg de tomates un melon 5 €

- Bonjour monsieur.
- Bonjour madame, un kilo de tomates, s'il vous plaît.
- Ce sera tout ?
- Non, je voudrais aussi un melon.
- Ce sera tout ?
- Oui.
- Alors, cinq euros, s'il vous plaît.
- Voilà.
- Merci, bonne journée.
- Au revoir.

1kg de pommes 2 citrons 6 €
500g de carottes une salade 5 € 50
1kg de pêches 2 melons 6 € 30

Ⓑ 聞いて値段を書き入れましょう *Écouter, noter la commande et le prix .* (179)

	A	B	C
Qu'est-ce qu'il achète ?			
Ça coûte combien ?			

VOCABULAIRE
Observer le modèle.

❶

❷

❸

de la farine
du beurre
de l'eau

des céréales

❹

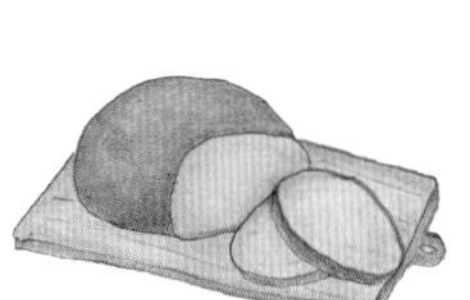
❺

❻

❼

❽

❾

(180) 表を埋めましょう *Compléter.*

du lait	❸	des céréales	....	de l'eau minérale	....
de la soupe	....	de la confiture	....	du fromage	....
du riz	....	du pain	....	de la viande	....

MODÈLE 1
(181) 聞いて表を埋めましょう
Écouter et compléter.

un peu de farine
beaucoup de beurre
30 cl de lait

~~un peu de la farine~~

il faut + nom

- On fait des crêpes ?
- Bonne idée. Qu'est-ce qu'il faut ?
- Alors, il faut des œufs, de la farine...
- Il faut combien de grammes de farine ?
- 100 grammes de farine et deux œufs.
- D'accord. Et après ?
- Il faut du lait... euh 30 centilitres et du beurre.
- Du beurre ? Il faut beaucoup de beurre ?
- Non, un peu de beurre. C'est tout.

ingrédients pour 10 crêpes

....	farine
....	œufs
....	lait
....	beurre

MODÈLE 1を参考にして、クッキー、マドレーヌ、ヨーグルトケーキを作るときの会話を作りましょう。
À partir du modèle 1, imaginer les dialogues pour faire des cookies, des madeleines et un gâteau au yaourt.

25 cookies	**20 madeleines**	**un gâteau au yaourt**
beurre (100g)	beurre (125g)	yaourt (100g)
sucre (100 g)	sucre (200 g)	farine (100 g)
farine (220 g)	farine (250 g)	huile (20 cl)
œufs (1)	œufs (3)	sucre (100g)

次の文を読んでから、聞いて答えましょう **MODÈLE 2**

Lire le texte, puis écouter et répondre.

182

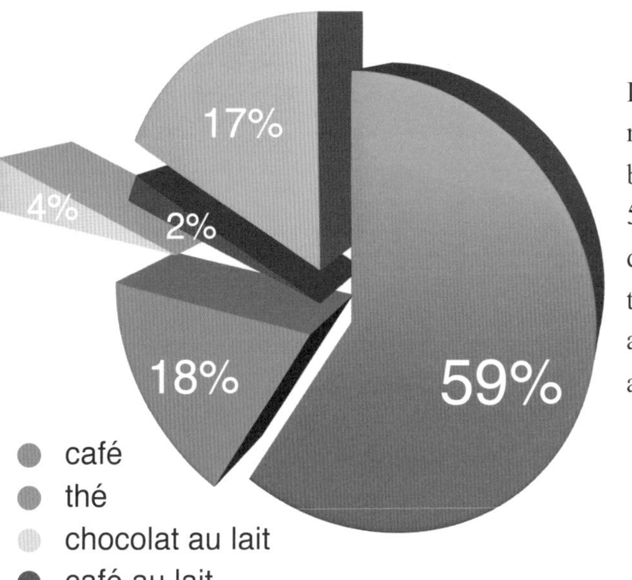

Le matin, les Français mangent du pain avec du beurre et de la confiture.
59% des Français prennent du café, 18% prennent du thé, 4% prennent du chocolat au lait et 2% boivent du café au lait.

boire	
je	bois
tu	bois
il	boit
nous	buvons
vous	buvez
ils	boivent

183

	1	2	3	4	5	6
vrai	□	□	□	□	□	□
faux	□	□	□	□	□	□

例にならって会話を続けましょう **MODÈLE 3** 184

Continuer le dialogue.

	Paul	Léo
thé		✔
café	✔	
eau	✔	✔
pain	✔	
riz	✔	
poisson		✔

- Paul boit du thé ?
- Non, il **ne** boit **pas de** thé.
- Léo boit du thé ?
- Oui, il en boit.
- Est-ce que Léo mange du pain ?
- Non, il **n'**en mange **pas.**

Je **ne** bois **pas de** thé.

Je **n'** en bois **pas** .

次の質問を読んで答えましょう **QUESTIONS**

Lire et répondre aux questions.

1. Le soir, qu'est-ce que vous buvez ?
2. Le matin, qu'est-ce que vous prenez ?
3. Qu'est-ce que les enfants mangent le matin en France et au Japon ?
4. Est-ce qu'on mange des croque-monsieur au Japon ?
5. Qu'est-ce que les Américains mangent le matin à votre avis ?
6. Qu'est-ce que vous mangez le matin quand vous voyagez (à l'hôtel) ?

Activités

❶ Ⓐ 聞いて表を埋めましょう *Écouter et compléter.* (185)

100 madeleines	**100 cookies**	**200 crêpes**
.... (.........)	.... (.........)	.... (.........)
.... (.........)	.... (.........)	.... (.........)
.... (.........)	.... (.........)	.... (.........)
.... (.........)	.... (.........)	.... (.........)

Ⓑ 80ページのレシピと比較すると各レシピに間違いがあります。見つけてみましょう
Il y a des erreurs dans les recettes, retrouver les erreurs. (Regarder p.80)

❷ Ⓐ 例にならって話しましょう *Parler.* (186)
Exemple: *Est-ce qu'elle mange du pain le matin ? Oui, elle en mange beaucoup.*

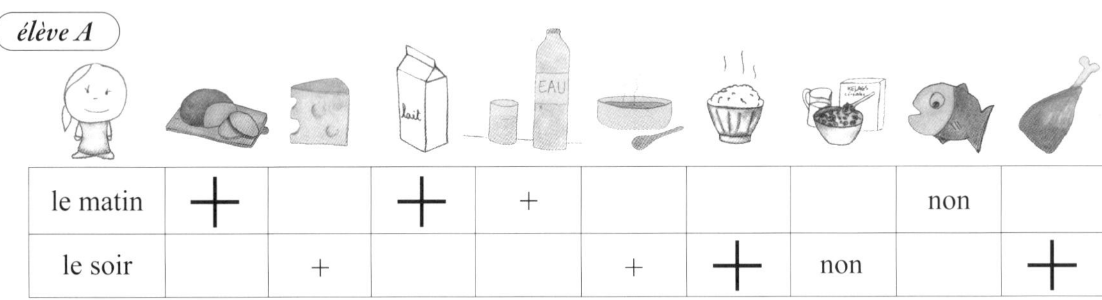

le matin	+		+	+				non	
le soir		+			+	+	non		+

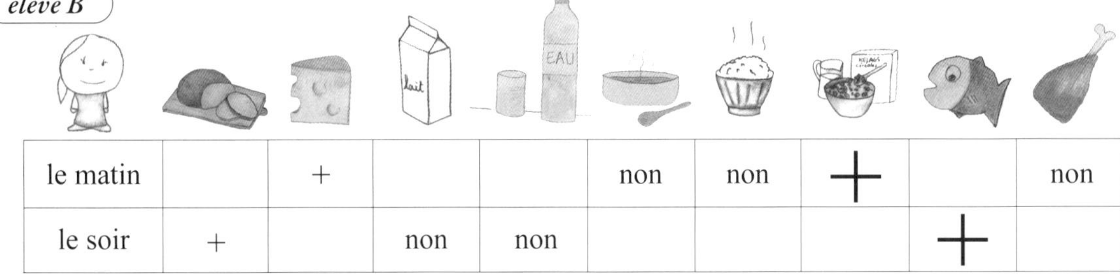

le matin		+			non	non	+		non
le soir	+		non	non				+	

Ⓑ Ⓐと同じように、今度は自分のことを話しましょう
Parler. Même exercice mais avec votre consommation personnelle.
Exemple: *Est-ce que vous mangez du pain ? Oui, j'en mange beaucoup le matin mais je n'en prends pas le soir.*

le matin									
le soir									

Ⓔ Ⓧ Ⓔ Ⓡ Ⓒ Ⓘ Ⓒ Ⓔ Ⓢ

❶ 次の文に du, de la, de l', des を入れましょう
Compléter par du, de la, de l', des.

1. Je mange ...... pain et .... confiture.
2. Elle boit .... eau et ..... café.
3. Vous prenez .... céréales et .... lait.
4. Vous voulez .... eau minérale ?
5. Il faut .... farine.

❷ 例にならって文を続けましょう
Exemple: *beaucoup / beurre*
⇒ *Il faut beaucoup de beurre.*

1. 100 g / farine
2. un peu / beurre
3. 200 g / sucre

❸ 例にならって文を続けましょう
Exemple: *Il prend du thé ?*
⇒ *Non, il ne prend pas de thé.*
⇒ *Non, il n'en prend pas.*

1. Elles veulent du chocolat ?
2. Vous buvez de l'eau ?
3. Ils prennent des céréales ?
4. Vous mangez du poisson ?

❹ 聞いて印をつけましょう *Écouter.* (187)

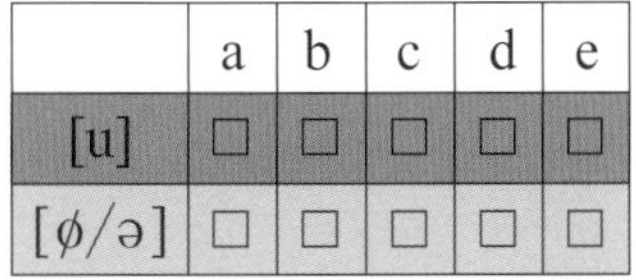

	a	b	c	d	e
[u]	□	□	□	□	□
[ø/ə]	□	□	□	□	□

❺ 例ならって文を作りましょう
Exemple: *farine / gr*
⇒ *Il faut combien de grammes de farine ?*

1. lait / l
2. café / cl
3. beurre / gr
4. pâtes / kg
5. sucre / gr

❻ 次の文が答えになるような質問を考えましょう
Trouver la question.

1. Le matin ? Non, je ne bois pas de thé.
2. Je prends des céréales ou du pain.
3. Oui, j'en bois mais seulement minérale.
4. Pour faire des madeleines ? Oui, il faut du beurre.
5. Non, il n'en fait pas.

❼ 例にならって文を作りましょう
Exemple: *Il aime le chocolat.*
⇒ *Il n'aime pas le chocolat.*

1. Elle boit du thé.
2. Elle adore le café.
3. Vous prenez du thé.
4. Je déteste le café.
5. Elle mange du lapin.

❽ (　　) の中の動詞を正しく活用させましょう
Conjuguer.

Le matin, Lucie .... (boire) du thé et .... (manger) du pain avec de la confiture. Ses parents .... (prendre) des céréales.
Ils .... (adorer) prendre le petit-déjeuner sur la terrasse. Ils .... (trouver) ça agréable.

GRAMMAIRE

le わからん

LE PETIT PRÉCIS GRAMMATICAL

1) J'aime le café. 「コーヒーが好きだ」: 好みを言うときは「一般的にコーヒーというもの全て」を表す定冠詞 le を使います。否定文でも Je n'aime pas le café. と冠詞は変化しません。

2) Je bois du café. 「コーヒーを飲む」: いくらかの量のコーヒーを飲むわけですから、一部分を表す部分冠詞 du を使います。たくさん飲むときは beaucoup de café、 少し 飲むときは un peu de café、 カップ 1 杯は une tasse de café、 飲まないときは pas de café になります。

3) Un café, s'il vous plaît ! 「コーヒーを 1 つ下さい」: カフェで、コーヒーを「1 つ」注文するときは数えられるものに使う不定冠詞 un を使います。間違って du café と言うと、 deux cafés だと思われて、2 つ出てきてしまうかもしれないので注意しましょう！

un poisson ? du poisson ?

フランス語には 3 種類の冠詞があります。不定冠詞 un / une / des (leçon 6)と定冠詞 le / la / les (leçon 4) はすでに習いましたね。もう 1 つの冠詞は部分冠詞といって、数えられないものに使います。水、コーヒー、小麦粉、愛、勇気などの、通常 1 つ 2 つと数えられないものの「いくらか」を表すときには、部分冠詞 du / de la / de l' を使います。 母音または無音の h で始まる単語の前では名詞の性にかかわらず de l' になります。

il faut

「〜がいります、必要です」と言うときは、il faut + 名詞を使います。主語 il には「彼」 の意味はありません。卵が 1 ついるときは Il faut un œuf. 小麦粉がいるときは Il faut de la farine. 小麦粉が １００ グラム必要なときは Il faut 100 g de farine. となります。 名詞の 代わりに動詞を入れると、「〜しなければならない」という意味になります。さあ、Il faut étudier, il faut parler francais.

やってみよう

Ⓐ du, de la, de l', des, deを使って文を完成させましょう
Compléter par « du, de la, de l', des, de ».

1. Je prends _____ riz.
2. Il ne prend pas ______ lait.
3. Tu prends ______ œufs.
4. Je prends _____ eau.
5. Je prends un peu ______ pain.

Ⓑ boire を活用させましょう
Conjuguer le verbe « boire ».

6. je _______
7. elle _______
8. nous _______
9. ils _______
10. vous _______

Ⓒ en を使って、答えましょう
Répondre. Utiliser « en ».

11. Tu prends du pain ? Oui…
12. Tu manges du riz ? Non, …
13. Il faut un peu de farine ? Oui, …
14. Il faut beaucoup d'eau ? Non, …
15. Tu veux une banane ? Non, …

Ⓓ フランス語にしましょう
Traduire en français.

16. バターが少し必要です。
17. 子ども達は朝シリアルを食べます。
18. 私はお茶かコーヒーを飲みます。
19. 何グラムの小麦粉が必要ですか？
20. ミネラルウォーターはいかがですか？

LE MARCHÉ EN FRANCE

1. 写真について説明して下さい。Décrire les photos.

2. 市場では、他にどんなものが売られていますか？
   Est-ce qu’on vend autre chose au marché ?

Révisions

❶ 次の料理・お菓子の材料を インターネットで調べましょう
Aller sur Internet et noter les ingrédients nécessaires pour faire les plats suivants.

la fondue savoyarde	la crème brûlée	la ratatouille

❷ 次の文の続きを書きましょう
Compléter les phrases.

1. Pour faire du vert, il faut du bleu et …
2. Pour faire du rose, il faut du rouge et …
3. Pour faire du violet, il faut du bleu et …
4. Pour faire du gris, il faut du blanc et …

❸ 次の文の下線部をうめましょう
Lire le texte et compléter.

Pour le petit-déjeuner, on mange ..... pain avec ..... beurre et ...... confiture. On mange aussi ...... œufs, ... jambon ou .... fromage. On boit ...... café, ... café au lait, ... thé, ... chocolat au lait ou ….. jus d'orange. On mange aussi .... céréales, ... yaourt ou ….. fromage blanc.

❹ 動詞の活用を書きましょう
Conjuguer les verbes.

boire	manger	prendre	être	avoir
....	....	....	....	....
....	....	....	....	....
....	....	....	....	....
....	....	....	....	....
....	....	....	....	....
....	....	....	....	....

C'est VRAI ou FAUX ?

1. Les Français mangent les grenouilles et les escargots.
2. Les Français mangent les chats et les lapins.
3. Les Français mangent les oursins crus.
4. Tous les Français boivent du vin à table.
5. Les Français trempent le pain et le croissant dans le café.
6. On vend de la bière au MacDonald.

On va plus loin

prendre (188)	
je	prends
tu	prends
il / elle	prend
nous	prenons
vous	prenez
ils / elles	prennent

❶ 同じ意味の動詞を見つけましょう
Trouver le verbe du même sens.

a. prendre un objet	1. utiliser
b. prendre un thé	2. attraper
c. prendre du pain	3. boire
d. prendre une photo	4. photographier
e. prendre une douche	5. manger
f. prendre le train	6. se laver

❷ イラストについてコメントしましょう
Commenter les images.

Qu'est-ce qu'ils prennent ?

a

b

c

d

❸ **QUESTIONS :**

a. Vous prenez des bains ou des douches ?
b. Vous préférez prendre le train ou prendre le taxi ?
c. Est-ce que vous prenez des photos ou des vidéos avec votre smartphone ?
d. Est-ce que vous prenez un café le matin ?

❹ 動詞comprendre, reprendre, apprendre, surprendreはprendreと同じように活用させます。
prendre の活用をよく見て、それらの派生語を活用させましょう *Conjuguer.*

comprendre	**reprendre**	**apprendre**	**surprendre**
je …………	je …………	je …………	je …………
tu …………	tu …………	tu …………	tu …………
il …………	il …………	il …………	il …………
nous …………	nous …………	nous …………	nous …………
vous …………	vous …………	vous …………	vous …………
ils …………	ils …………	ils …………	ils …………

❺ (　) の中の動詞を活用させましょう
Conjuguer le verbe entre parenthèses.

1. Je ………… un verre d'eau. (**prendre**)
2. Ils ………… la leçon. (**comprendre**)
3. Elles ………… leurs amis. (**surprendre**)
4. Tu ………… du pain. (**reprendre**)
5. Nous ………… le train. (**prendre**)
6. Il ………… une douche le soir. (**prendre**)
7. Vous ne ………… pas. (**comprendre**)
8. On ………… un thé. (**reprendre**)
9. Ils ………… des photos. (**prendre**)
10. Elle ………… son professeur. (**surprendre**)

1. 

C'est où ?

□ à Paris

□ à Rome

2. 

□ à Los Angeles

□ à New York

3. 

□ à Tokyo

□ à Kyoto

4. 

□ à Shanghai

□ à Séoul

5. 

□ à Rio de Janeiro

□ à Montréal

6. 

□ à Londres

□ à Berlin

QUESTIONS / RÉPONSES (189)

下の例にならって会話をしましょう

Faire des variations pour chaque modèle.

Modèle 1.
- Quelle est la capitale de la France ?
- C'est Paris. (Paris est la capitale de la France.)

Modèle 2.
- La France, c'est où ?
- La France, c'est en Europe.

Modèle 3.
- Comment s'appellent les habitants du Japon ?
- Les habitants du Japon s'appellent les Japonais.

Modèle 4.
- On parle quelle langue en France ?
- En France, on parle français.

Modèle 5.
- Est-ce qu'on parle espagnol au Canada ?
- Non, on parle anglais et français.

RELIER HABITANTS, PAYS ET CAPITALES (190)

国民と国名、首都を結びましょう

les Espagnols	le Brésil	Paris
les Australiens	l'Espagne	Pékin
les Canadiens	l'Italie	Brasilia
les Italiens	les États-Unis	Tokyo
les Chinois	la France	Madrid
les Américains	le Japon	Rome
les Brésiliens	le Canada	Ottawa
les Japonais	l'Australie	Washington
les Français	la Chine	Canberra

les pays 国 (191)

le Japon
⇒ au Japon
⇒ du Japon

le Canada
⇒ au Canada
⇒ du Canada

le Brésil
⇒ au Brésil
⇒ du Brésil

l'Italie
⇒ en Italie
⇒ de l'Italie

l'Espagne
⇒ en Espagne
⇒ de l'Espagne

les États-Unis
⇒ aux États-Unis
⇒ des États-Unis

la Chine
⇒ en Chine
⇒ de la Chine

l'Australie
⇒ en Australie
⇒ de l'Australie

la France
⇒ en France
⇒ de la France

les continents 大陸

左のリストを見ながら大陸の名前を書き入れましょう
À l'aide de la liste, replacer les noms des continents. (192)

- l'Afrique
- l'Asie
- l'Amérique du Nord
- l'Amérique du Sud
- l'Europe
- l'Océanie

Activités

❶ 例を見て会話をしてみましょう
Regarder le modèle et faire des variations.

- Elle s'appelle comment ?
- Elle s'appelle Judith.
- Elle a quel âge ?
- Elle a vingt ans.
- Elle habite où ?
- Elle habite en Espagne.
- Elle est espagnole ?
- Non, elle est française mais elle habite à Madrid.
- Madrid ?
- Oui, c'est la capitale de l'Espagne.
- Ah... Madrid.

20 Madrid Judith

❷ 下の絵を見て聞いて印をつけましょう。文を書き取ってみましょう
Écouter et cocher la bonne réponse, écrire les phrases. (193)

	1	2	3	4	5
vrai	□	□	□	□	□
faux	□	□	□	□	□

1. ....

2. ....

3. ....

4. ....

5. ....

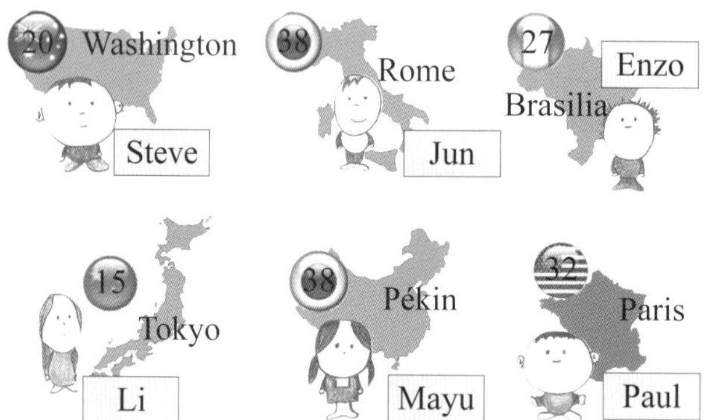

❸ 例をまねて、自己紹介してみましょう
Écrire: regardez le modèle et présentez-vous.

Bonjour, je m'appelle John. Je suis canadien. J'ai vingt ans. Je parle anglais et français. J'habite en France, à Rambouillet. C'est à côté de Paris. J'adore la cuisine française et le cinéma français. Je voudrais habiter en Espagne et étudier la culture espagnole.

Bonjour, je m'appelle Mina. Je suis japonaise et j'habite en Italie. J'ai dix-neuf ans. J'aime beaucoup l'Europe et je parle italien. Je voudrais voyager en France et avoir des amis français.

Bonjour,

....

....

....

....

....

❶ 例をまねて文を作りましょう

Exemple: *Paris, c'est où ? C'est en France. C'est la capitale de la France.*

1. Pékin 2. Rome 3. Séoul

4. Tokyo 5. Canberra

❷ 例をまねて文を作りましょう

Exemple: *le Japon*

⇒ Comment s'appellent les habitants du Japon ? Les habitants du Japon s'appellent les Japonais

1. la Corée 2. les États-Unis

3. l'Australie 4. le Canada 5. la Chine

❸ 例をまねて文を作りましょう

Exemple: *La France est en Europe. En France, on parle français.*

1. Japon
2. Canada
3. Brésil
4. Espagne
5. Sénégal

❹ 例をまねて質問を作りましょう

Exemple: *Oui, il habite en France.*

⇒ Est-ce qu'il habite en France ?

1. Il a vingt et un ans.
2. Non, elle n'est pas actrice.
3. Vancouver ? C'est au Canada.
4. Non, on ne parle pas italien.
5. Je travaille en Espagne.

❺ à, en, au, aux を入れて文を完成させましょう

Compléter par "à, en, au, aux"

Paul habite ...... Japon. Il habite ..... Tokyo. Il voudrait aussi habiter ..... France ou ...... Italie. Jeanne est espagnole mais elle n'habite pas .... Espagne. Elle habite ..... Canada. Elle voudrait aussi habiter ...... États-Unis.

❻ 例をまねて質問と答えを作りましょう

Exemple: *Paris / il*

⇒ Il habite où ? Il habite à Paris.

1. il / Tokyo 2. tu / Nantes

3. vous / Toulon 4. elles / Marseille

5. ils / Lyon 6. elle / Pékin

❼ 聞いて印をつけましょう ***Écouter.*** (194)

	1	2	3	4	5	6
[r]	□	□	□	□	□	□
[l]	□	□	□	□	□	□

❽ 否定文にしましょう

Exemple: *Elle habite en France.*

⇒ Elle n'habite pas en France.

1. Tu es français.
2. Elle est jeune, elle est lycéenne.
3. Isabelle parle trois langues.
4. J'habite au Japon.
5. Elle aime la tarte aux pommes.

GRAMMAIRE

le わからん

LE PETIT PRÉCIS GRAMMATICAL

Parlons français !

「○○語を話す」と言いたいときには、動詞 parler の後に、国籍の男性形を続けます。 on parle の on は、一般的な人々を表しますので、En France, on parle français. は「フランスではフランス語を話します（フランス語が話されています）」という意味になります。Je parle français. と言えるように、がんばりましょう！

la France et le Japon

フランス語では、国名も男性名詞、女性名詞に分かれています。フランスは la France ですから女性名詞であることがわかりますね。日本は le Japon ですから男性名詞です。 ややこしい？でもよく見て下さい。女性名詞の国の名前には、特徴がありますね。国名の最後が e で終わるものは、ほとんど女性名詞です。それに冠詞をつけて国名を覚えてしまえば、それほど大変ではありませんよ。では、アメリカ合衆国は？ les États-Unis ですから男性複数名詞です。

フランスで / フランスに

「フランス」は la France ですが、しばしば文の中で「フランスでは」、「フランスに」 というように使われます。このようなときには、en という前置詞をつけて en France と言います。でも「日本では」、「日本に」というときには、au Japon となります。フランスと日本の違いは…？そうです、女性名詞の国名の前では en を、男性名詞の国名の前では au を使います。アメリカ合衆国のような複数名詞の前では、aux États-Unis です。

やってみよう

/20

Ⓐ 文章を完成させましょう
Compléter.

1. J'habite ____ Lille, ____ France.
2. ____ France est _____ Europe.
3. _____ Brésil, on parle portugais.
4. Les habitants ____ Japon sont les Japonais.
5. Rome est la capitale ______ Italie.

Ⓑ 次の文が答えとなる質問文を作りましょう
Trouver la question.

6. C'est Pékin.
7. On parle chinois.
8. Ce sont les Chinois.
9. La Chine est en Asie.
10. Non, on parle chinois.

Ⓒ 単語を正しく並べ替えて文を作りましょう
Retrouver l'ordre.

11. tu / habites / n' / pas / Canada / au / .
12. voudrais / je / voyager / Espagne / en / .
13. capitale / c'/ est / la / Canada / du / .
14. Japon / au / on / japonais / parle / .
15. travaillent / Madrid / ils / à / est-ce / qu' / ?

Ⓓ フランス語にしましょう
Traduire en français.

16. オーストラリアの首都はどこですか？
17. オーストラリアはどこにありますか？
18. オーストラリアでは何語を話しますか？
19. イタリアはヨーロッパにあります。
20. 私はアフリカに住みたい。

LE VAL DE LOIRE

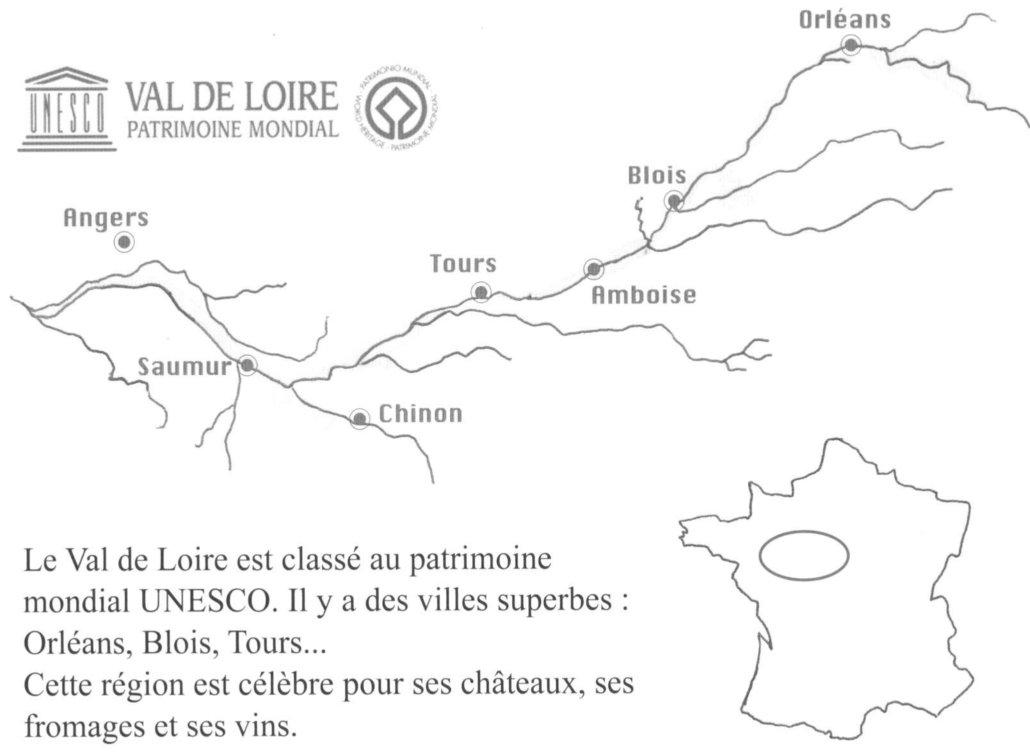

Le Val de Loire est classé au patrimoine mondial UNESCO. Il y a des villes superbes : Orléans, Blois, Tours...
Cette région est célèbre pour ses châteaux, ses fromages et ses vins.

Les châteaux de la Loire

次はあなたの番です！日本の有名な場所を紹介しましょう。
À vous ! Présentez un lieu célèbre du Japon.

Récréation

❶ 国名、地名を探しましょう　*Retrouver les pays dans la grille.*

R	E	S	C	H	I	N	E	I	M	E
I	F	A	E	C	T	A	S	M	A	R
B	O	R	T	J	A	P	O	N	R	I
A	R	F	A	I	L	N	T	E	O	A
M	O	E	T	N	I	E	A	C	C	I
E	C	S	S	E	C	S	E	D	T	R
R	E	p	U	I	i	E	R	A	A	A
I	A	A	N	E	L	C	L	I	B	N
Q	N	G	I	A	F	I	N	D	E	R
U	I	N	S	T	E	U	R	O	P	E
E	E	E	A	R	U	R	I	E	A	N

~~FRANCE~~
ITALIE
JAPON
ASIE
IRAN
CHINE
BRESIL
EUROPE

ETATS-UNIS
CANADA
ESPAGNE
AMERIQUE
INDE
OCEANIE
MAROC

❷ インターネットで調べて、フランス語が公用語である国のリストを作りましょう
Aller sur Internet et faire la liste des pays où le français est langue officielle.

en Europe	en Afrique	en Amérique

❸ ヒントを見て埋めましょう
Compléter la grille à partir des informations.

1. C'est la capitale du Brésil.
2. C'est la capitale de l'Allemagne.
3. C'est la capitale du Portugal.
4. C'est la capitale de la Turquie.
5. C'est la capitale du Royaume-Uni.
6. C'est la capitale de l'Espagne.

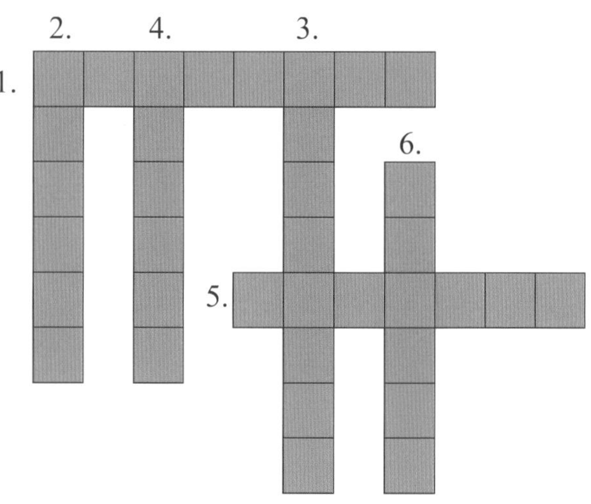

On va plus loin

parler du temps
天気を言う表現

❶ Ⓐ 聞いて質問に答えましょう *Écouter et répondre aux questions.* (195)

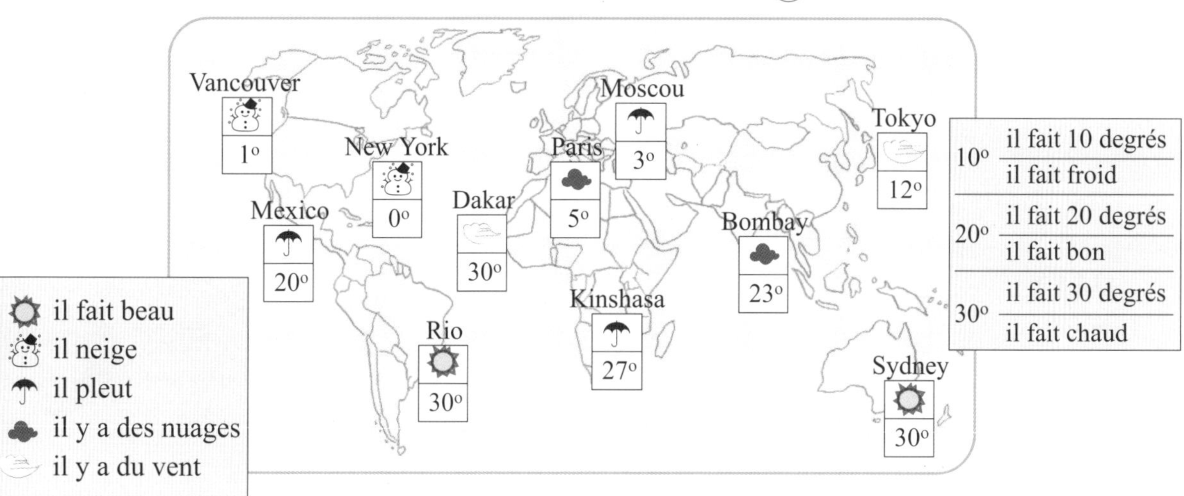

Ⓑ 例にならって、質問して答えましょう *Parler. Poser des questions et répondre.*

Exemple: - *Il fait quel temps au Brésil ?*
- *Au Brésil, à Rio, il fait beau. Il fait 30 degrés.*

❷ 質問の答を書きましょう *Écrire.*

Il fait quel temps à Tokyo en hiver et en été ?

Il fait quel temps aujourd'hui ?

❸ 下の都市の気温を聞いて書きましょう (196)
Écouter et noter les températures.

Paris : ___ Lille : ___ Lens : ___

Brest : ___ Lyon : ___ Tours : ___

❹ 会話をしましょう *Parler.*

élève A

Strasbourg

printemps	été	automne	hiver
	30°	10°	

Lille

printemps	été	automne	hiver
15°		10°	

Paris

printemps	été	automne	hiver
14°			7°

Nice

printemps	été	automne	hiver
15°			10°

élève B

Strasbourg

printemps	été	automne	hiver
5°			0°

Lille

printemps	été	automne	hiver
	20°		0°

Paris

printemps	été	automne	hiver
	25°	12°	

Nice

printemps	été	automne	hiver
	28°	20°	

Leçon 12 動詞 aller、交通機関、曜日 中性代名詞 Y、疑問詞のまとめ

(197) 絵を見て会話を続けましょう **MODÈLE 1**

Regarder les dessins et continuer la conversation.

- Où est-ce qu'elles vont ?
- Elles vont au Canada.
- Elles vont où au Canada ?
- Elles vont à Vancouver.
- Où est-ce qu'elles vont après ?
- Après, elles vont aux États-Unis.

(198) **ALLER**

je vais
tu vas
il / elle va
nous allons
vous allez
ils / elles vont

(199) どこへ行くのか言いましょう **MODÈLE 2**

Dire où ils vont.

aller
- à la + nom féminin
- au + nom masculin
- à l'université ⚠

Je vais à la poste.
Je vais au cinéma.
Je vais à l'opéra.

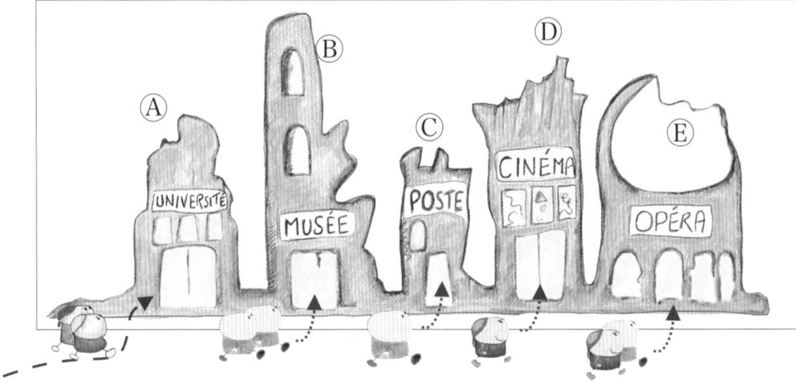

(200) 例にならって会話を続けましょう **MODÈLE 3**

Continuer le dialogue.

Je vais au musée.
➔ J'y vais.

Je vais à la poste.
➔ J'y vais.

~~J'y vais au musée.~~
~~J'y vais à la poste.~~

- Quand est-ce que vous allez à l'université ?
- J'y vais lundi.
- Et quand est-ce que vous allez à la poste ?
- J'y vais mercredi.

PROGRAMME

ex.	lundi	*à l'université*
a.	mardi	*au musée*
b.	mercredi	*à la poste*
c.	jeudi	*au cinéma*
d.	vendredi	*à la banque*
e.	samedi	*à l'opéra*
f.	dimanche	*au restaurant*

MODÈLE 4 文を読んで質問に答えましょう

Lire les textes et répondre aux questions.

1 Nicolas va au Canada. Et après, il va en Espagne pour visiter Madrid et Tolède. Après, il va au Japon pour visiter Kyoto et Kamakura.

2 Stéphane va en Espagne pour étudier l'espagnol. Il voudrait habiter à Barcelone parce qu'il aime le football.

3 Sylvaine va en Corée. Et après, elle va en Chine pour visiter Pékin et Shanghai. Elle voudrait aller à Shanghai en train ou en bus. Après, elle va aux États-Unis pour voir un ami.

a. Qui ne va pas en Espagne ?

b. Est-ce que Nicolas va en Espagne pour visiter Barcelone ?

c. Où est-ce que Sylvaine va après la Corée ?

d. Qui va au Japon ?

e. Pourquoi est-ce que Stéphane va en Espagne ?

pourquoi
pour + infinitif
pour visiter

聞いて印をつけましょう

201	vrai	faux
1	❑	❑
2	❑	❑
3	❑	❑
4	❑	❑
5	❑	❑

202

en avion　en train　en métro　en bus　en voiture　en taxi　à pied

MODÈLE 5 5分間でできるだけ多くの質問を
えましょう。そして答えましょう

ser le maximum de questions en 5 minutes. Répondre.

uand est-ce que tu vas à Bruxelles ?

Où est-ce que tu vas le lundi 11 ?

Comment est-ce que tu y vas ?

Départ !
スタート

Bilbao

Bordeaux
samedi 9

Nantes
lundi 11

Paris
mardi 12

Bruxelles
jeudi 14

Cologne
vendredi 15

Strasbourg
dimanche 17

Genève
lundi 18

Marseille
mercredi 20

Activités

❶ 例をまねて会話しましょう *Parler.*

- Où est-ce que tu vas ?
- Je vais en Espagne.
- Pourquoi est-ce que tu vas en Espagne ?
- J'y vais pour étudier l'espagnol.

ex.	1	2	3
Espagne étudier l'espagnol	Paris voir la tour Eiffel	Italie visiter Milan	Amiens voir mon frère

❷ Ⓐ 聞いて表を埋めましょう *Écouter et compléter.* (203)
Ⓑ 聞いて答えましょう *Écouter et répondre.* (204)

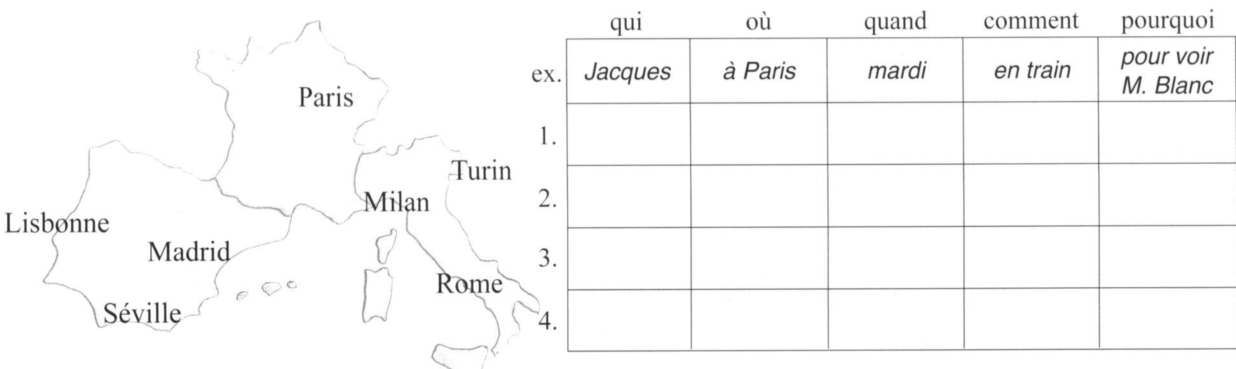

	qui	où	quand	comment	pourquoi
ex.	*Jacques*	*à Paris*	*mardi*	*en train*	*pour voir M. Blanc*
1.					
2.					
3.					
4.					

❸ Ⓐ 質問をしましょう
Poser des questions.

Exemple: (205)
- *Qui est-ce ?*
- *C'est Vincent.*
- *Où est-ce qu'il va ?*
- *Il va à Osaka.*
- *Quand est-ce qu'il va à Osaka ?*
- *Il va à Osaka mercredi.*
- *Pourquoi est-ce qu'il va à Osaka ?*
- *Il va à Osaka pour voir M. Tanaka.*

ex.	a	b
Vincent Osaka mercredi voir M. Tanaka	Lila Italie mardi étudier l'italien	Jacques Japon samedi visiter Kyoto

c	d	e
Paul et Julie Chine lundi étudier le chinois	Nicolas États-Unis dimanche travailler	Marie Tokyo jeudi étudier le japonais

Ⓑ 書きましょう *Écrire.*

Exemple: *Mercredi, Vincent va à Osaka pour voir monsieur Tanaka.*

a. ....

b. ....

c. ....

d. ....

e. ....

EXERCICES

❶ 質問を考えましょう *Trouver la question.*

1. ....?

⇒ Il va à Strasbourg mardi.

2. ....?

⇒ Non, il ne va pas à Toulouse mercredi.

3. ....?

⇒ Mercredi.

4. ....?

⇒ Pour voir monsieur Dupont.

5. ....?

⇒ En métro.

❷ 例にならって書きましょう

Exemple: *il / France / travailler*

⇒ *- Pourquoi est-ce qu'il va en France ?*
- Il y va pour travailler.

1. vous / Japon / voir M. Tanaka
2. elles / Paris / visiter le musée du Louvre
3. il / Canada / étudier l'anglais
4. elle / Paris / voir la tour Eiffel

❸ 例にならって書きましょう

Exemple: *Paris / mardi*

⇒ *- Quand est-ce que vous allez à Paris ?*
- J'y vais mardi.

1. Espagne / mercredi
2. Milan / en voiture
3. Japon / samedi
4. France / lundi
5. Tokyo / en avion

❹ 例にならって書きましょう

Exemple: *Paul / voir M. Li / à Paris / jeudi*

⇒ *Jeudi, Paul va à Paris pour voir monsieur Li.*

1. lundi / visiter Rome / en Italie / Marc
2. mercredi / Jean / à Lille / visiter la ville
3. dimanche / au Japon / étudier le japonais / Léo
4. voir Mme Dati / samedi / Kim / à Lyon
5. à Naples / Léa / mercredi / voir un ami italien

❺ 曜日を見つけましょう

Retrouver les jours de la semaine.

E	M	E	R	C	R	E	D	I	S
R	U	A	J	M	N	U	L	A	N
I	D	V	E	N	D	R	E	D	I
R	U	R	U	L	I	M	A	I	E
M	H	A	D	S	M	V	E	R	U
A	I	D	I	L	A	J	R	E	L
R	D	U	D	U	N	M	D	J	U
D	U	M	S	A	C	I	E	R	N
I	R	I	E	U	H	N	A	D	D
U	E	N	L	R	E	J	U	V	I

❻ 下線部を埋めましょう *Compléter.*

aimer / étudier / parler / travailler / être / habiter

Paul .... à New York. Il ne ....pas. Il .... étudiant. Il est américain. Il ne .... pas français. Il va en France pour .... le français. Il .... la cuisine française.

❼ 下線部を埋めましょう *Compléter.*

1. Mardi, je vais ...... Espagne..... train.
2. Dimanche, ils vont .... France ..... bus.
3. Jeudi, elle va .... Japon ..... avion.
4. Tu ne vas pas ...... Australie ..... avion.

GRAMMAIRE

le わからん

LE PETIT PRÉCIS GRAMMATICAL

On va au cinéma ? au restaurant ?

aller は「行く」という動詞です。不規則な活用をするので、がんばって覚えましょう。 aller の後には à をつけて、行き先を言います。街の名前ならそのまま aller à Paris ですが、 国の名前には性・数に応じて en, au, aux をつけます（Leçon 11 参照）。その他の場合、la banque（銀行）のように女性名詞ならそのまま aller à la banque、le parc（公園）のように男性名詞なら、à + le = au と変化するので、aller au parc となります。l'aéroport （空港）, l'hôtel（ホテル）のように、母音または無音の h で始まる単語の前では、aller à l'aéroport となります。à の後に続く行き先は、代名詞 y で置き換えることができます。例えば、Je vais au musée. なら、J'y vais. となります。y が au musée を表しているのですが、語順が変わるので注意しましょう。ここでは y は母音字扱いで、je の e は省略されて j'y となります。

いつ？　なぜ？　どうやって ？

quand は「いつ」にあたる疑問詞です。相手がいつパリへ行くのか知りたいときには、Quand est-ce que tu vas à Paris ? と聞きましょう。答えるときには、例えば曜日を使います。Je vais à Paris lundi. 「今度の月曜日にパリに行きます」 lundi のような曜日を表す単語は、「今度の ... 曜日」というときには、前置詞も冠詞もつけず用います。曜日は大文字で始めないように注意しましょう。 理由を尋ねるときは、疑問詞 pourquoi を使います。Pourquoi est-ce que tu vas en Espagne ?「どうしてスペインへ行くの？」 答えは、Je vais en Espagne pour étudier l'espagnol. 前置詞 pour の後に動詞の活用しない形（不定詞と言います）を続けると「〜するため」となります。 étudier は「勉強する」ですから、pour étudier l'espagnol は「スペイン語を勉強するため」ですね。

交通手段を伝える場合には、乗り物を示す名詞の前に en をつけます。「行く」という 動詞 aller と組み合わせれば「〜で行く」となります。交通手段を尋ねるときには、疑問詞 comment 「どうやって 」を使い、Comment est-ce que tu vas à Paris ?「君はどうやって パリに行くの？」 のようになります。

やってみよう

Ⓐ allerを活用させましょう
Conjuguer le verbe « aller ».

1. tu ＿＿＿＿
2. ils ＿＿＿＿
3. nous ＿＿＿＿
4. je ＿＿＿＿
5. elle ＿＿＿＿

Ⓑ 必要な単語を入れて文を完成させましょう
Compléter par les mots manquants.

6. On va ＿＿ musée ＿＿ bus.
7. On ＿＿ va comment ? On ＿＿＿ va ＿＿＿ métro ou ＿＿ pied.
8. On va ＿＿ poste et ＿＿ cinéma.

Ⓒ y を使って答えましょう
Répondre. Utiliser « y ».

9. Quand est-ce que vous allez à l'université ?
10. Où est-ce que vous allez dimanche ?

Ⓓ フランス語にしましょう
Traduire en français.

11. 彼は上海を見るために中国に行く。
12. 彼女はエッフェル塔を見たい。
13. 彼らはどうやって東京へ行きますか？
14. 私は映画館に歩いて行きたいです。
15. なぜあなた達はそこへタクシーで行きますか？

PAGE CULTURELLE

UN PEU DE géographie

les villes européennes

Les villes[1] européennes[2] ont souvent un nom[3] français. Le nom des villes est parfois[4] très différent[5].

Est-ce que vous pouvez situer[6] "MUNICH", "VENISE"ou "VIENNE" ? C'est difficile, non ? Voici[7] d'autres[8] villes très célèbres[9]:

FLORENCE, LONDRES, FRANCFORT, MILAN, TURIN, VARSOVIE, LA HAYE.

Connaissez-vous ces villes ?

Est-ce que vous prononcez les villes d'une manière différente?

《語彙》

1. 街　2. ヨーロッパの　3. 名前
4. 時々　5. 違う　6. 〜に位置する
7. ここに〜がある　8. 他の　9. 有名な

ヨーロッパの都市

フランス語では、ヨーロッパの都市にフランス語流の名前をつけています。街の名前は、時には全然違うものになってしまいます。"MUNICH"（ミュニック）、"VENISE"（ヴニーズ）、"VIENNE"（ヴィエンヌ）ってどこだかわかりますか？難しいでしょう？その他にも、とても有名な街がありますよ。

FLORENCE、LONDRES、FRANCFORT、MILAN、TURIN、VARSOVIE、LA HAYE ... これらの街を知っていますか？

On mémorise les nombres

数字を覚えよう

(206)

1000	10 000	100 000
mille	dix mille	cent mille

(207) ❶ 聞いて書きましょう *Écouter et écrire.*

a. ________________________ e. ________________________

b. ________________________ f. ________________________

c. ________________________ g. ________________________

d. ________________________ h. ________________________

❷ 例にならって書きましょう *Écrire.*
Exemple: *Lucie est née le douze septembre mille neuf cent quatre-vingt-sept.*

Lucie
12 / 09 / 1987

Victor	Jean	Philippe	Anissa
09 / 08 / 1965	01 / 10 / 2008	25 / 06 / 1945	21 / 01 / 1976

❸ 例にならって会話をしましょう *Parler.*
Exemple: *A : Il y a combien d'habitants à Bordeaux ?*
B : Il y a 660 091 habitants.

élève A

Bordeaux → 660 091	Strasbourg →............
Tours →	Montpellier → 531 000
Orléans → 355 811	Vichy → ....
Dijon →	Pau → 153 003

élève B

Bordeaux →	Strasbourg → 713 393
Tours → 397 700	Montpellier → ....
Orléans →	Vichy → 26 528
Dijon → 262 598	Pau → ....

On va plus loin

demander son chemin
道を尋ねる

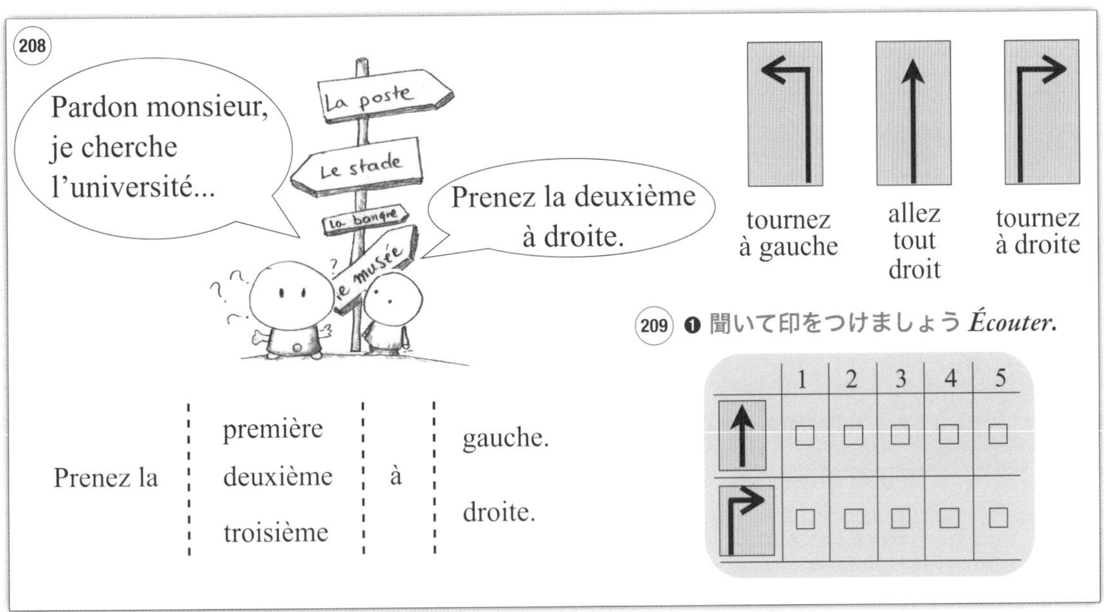

209 ❶ 聞いて印をつけましょう *Écouter.*

❷ Ⓐ 聞いて表を埋めましょう *Écouter et compléter le tableau.* 210

6
7 4 3
2
5 1

( ) l'université
( ) le musée
( ) la poste
( ) le cinéma
(1) la banque
( ) l'opéra
( ) le stade

Ⓑ ２人組になり、*A* の地図に１～７を適当に書き入れ、質問をしながらお互いに *B* の地図を完成させましょう
Parler: compléter le plan élève A. Poser des questions et compléter le plan élève B à partir des réponses.

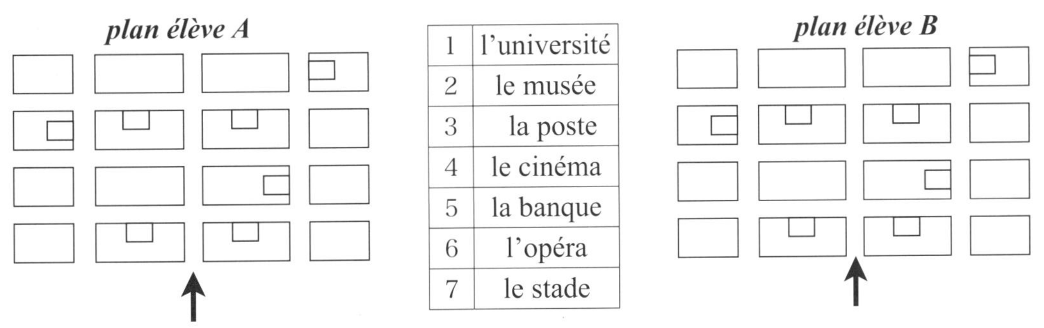

1	l'université
2	le musée
3	la poste
4	le cinéma
5	la banque
6	l'opéra
7	le stade

Il est quelle heure ?
Il est .... heure(s).

211

01:00	**une heure**
01:05	**une heure cinq**
01:10	**une heure dix**
01:15	**une heure quinze**
01:20	**une heure vingt**
01:25	**une heure vingt-cinq**
01:30	**une heure trente**
01:35	**une heure trente-cinq**
01:40	**une heure quarante**
01:45	**une heure quarante-cinq**
01:50	**une heure cinquante**
01:55	**une heure cinquante-cinq**
02:00	**deux heures**

212 **MODÈLE 1**

聞いて繰り返しましょう *Écouter et répéter*

une heure	treize heures
deux heures	quatorze heures
trois heures	quinze heures
quatre heures	seize heures
cinq heures	dix-sept heures
six heures	dix-huit heures
sept heures	dix-neuf heures
huit heures	vingt heures
neuf heures	vingt et une heures
dix heures	vingt-deux heures
onze heures	vingt-trois heures
☼ midi	☾minuit

例をまねて、会話をしてみましょう *Parler.*

Exemple : 01:10
- Il est quelle heure ?
- Il est une heure dix.

a. 21:35 b. 13:40 c. 19:27
d. 14:44 e. 22:00 f. 00:00

213 ❶ 聞いて正しい時計を選びましょう *Écouter et trouver l'heure.*

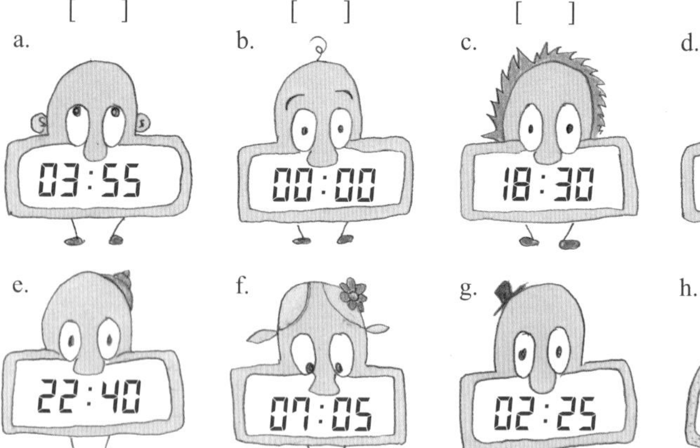

❷ 聞いて印をつけましょう *Cocher la bonne réponse.*

214
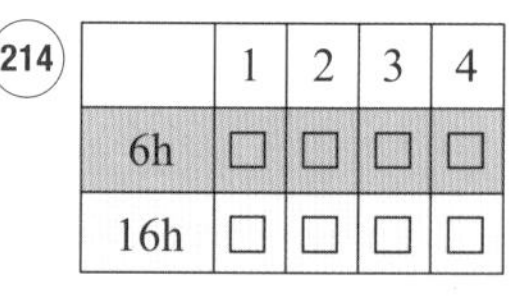

	1	2	3	4
6h	□	□	□	□
16h	□	□	□	□

215
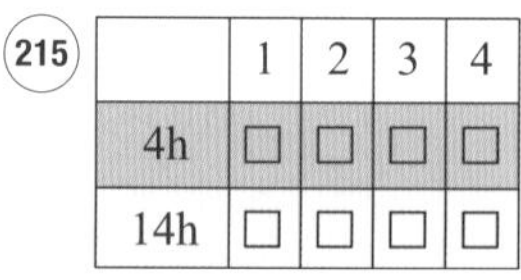

	1	2	3	4
4h	□	□	□	□
14h	□	□	□	□

MODÈLE 2 (216)

聞きましょう *Écouter.*

partir

je	pars
tu	pars
il	part
nous	partons
vous	partez
ils	partent

Avez-vous une réduction ?
=
Est-ce que vous avez une réduction ?

- Bonjour monsieur, je voudrais un aller simple pour Paris, s'il vous plaît.
- Quand partez-vous ?
- Samedi matin, est-ce qu'il y a un train vers huit heures ?
- Samedi matin, vous avez un train à 7h54, arrivée à Paris à 9h53. Vous avez aussi un train à 8h15, arrivée à Paris à 10h14.
- Le train de 7h54, s'il vous plaît.
- Une personne ?
- Oui.
- Première classe ou seconde classe ?
- Seconde.
- Avez-vous une réduction ?
- Non.
- Vingt-trois euros, madame.
- Voilà.
- Merci, bon voyage.
- Merci monsieur, au revoir.

vers 8 heures
≠
à 8 heures

en première

en seconde

départ	*arrivée*	*prix*	
5h55	7h53	21 €	le matin
7h54	9h53	23 €	
8h15	10h14	25 €	
13h04	15h03	25 €	l'après-midi
14h46	16h45	25 €	
17h30	19h29	30 €	
19h00	20h59	27 €	le soir
21h12	23h11	25 €	
21h58	23h57	21 €	

行き先や出発の日時を変えて会話をしてみましょう

QUESTIONS

次の質問を読んで答えましょう
Lire et répondre aux questions.

1. Quand il est quatorze heures à Paris, il est quelle heure à Tokyo ?
⇒ ....
2. À quelle heure commence le cours de français ?
⇒ ....
3. À quelle heure finit le cours de français ?
⇒ ....
4. À quelle heure partez-vous le matin ?
⇒ ....
5. À quelle heure arrivez-vous chez vous le soir ?
⇒ ....

Activités

❶ 聞いて下線部を埋めましょう ***Écouter et compléter.*** (217)

Monsieur, lundi matin, vous avez un rendez-vous avec madame Leblanc à .... Vous déjeunez entre .... et ...., et l'après-midi à ...., vous partez à la gare. Vous avez un train pour Marseille à .... Le train arrive à Marseille à .... À..........., vous avez rendez-vous avec madame Labelle. À ...., vous avez un dîner avec le Président. C'est tout.

❷ 例にならって話しましょう ***Parler.***

Exemple: *Quand il est six heures à Paris, quelle heure est-il à Tokyo ?*

Il est quatorze heures.

Tokyo 15h Paris 7h	Tokyo 21h Paris 13h	Paris 12h Moscou 14h
Paris 17h Moscou 19h	Paris 16h Londres 15h	Paris 16h New York 10h

❸ 聞いて表を埋めましょう ***Écouter et compléter.*** (218)

	départ	*arrivée*	*prix*
Paris ⇒ Bordeaux			€
Paris ⇒ Marseille			€
Paris ⇒ Tours			€
Paris ⇒ Lyon			€
Paris ⇒ Strasbourg			€

❹ Ⓐ 質問をしながら表を埋めましょう (219)

Poser des questions et compléter.

Exemple: *Le train pour Bordeaux part à quelle heure ?*

Le train pour Bordeaux arrive à quelle heure ?

Combien coûte un aller simple pour Bordeaux ?

	départ	*arrivée*	*prix*
Paris ⇒ Bordeaux	9h		40 €
Paris ⇒ Marseille		11h	
Paris ⇒ Tours	10h		25 €
Paris ⇒ Lyon		15h	
Paris ⇒ Strasbourg	15h		45 €

	départ	*arrivée*	*prix*
Paris ⇒ Bordeaux		12h	
Paris ⇒ Marseille	8h		33 €
Paris ⇒ Tours		10h55	
Paris ⇒ Lyon	13h		30 €
Paris ⇒ Strasbourg		17h30	

Ⓔ Ⓧ Ⓔ Ⓡ Ⓒ Ⓘ Ⓒ Ⓔ Ⓢ

例にならって文を作りましょう

Exemple: *samedi / 8h00*
⇒ Est-ce qu'il y a un train samedi vers huit heures ?

vendredi / 21h00

dimanche / 13h00

lundi / 9h00

mercredi / 12h00

jeudi / 16h00

例にならって文を作りましょう

Exemple: *Il est français ?*
⇒ Est-il français ?

Vous avez vingt ans ?

Elles aiment danser ?

Elle est japonaise ?

Ils arrivent vers 8 heures ?

Vous partez vendredi ?

例にならって文を作りましょう

Exemple: *Il part à quelle heure ?*
⇒ À quelle heure part-il ?

Vous arrivez quand ?

Elles habitent où ?

Vous aimez qui ?

Tu pars à quelle heure ?

Il est de quelle couleur ?

例にならって文を作りましょう

Exemple: *Il aime cette musique.*
⇒ Aime-t-il cette musique ?

. Vous travaillez en Espagne.

. Il habite à Paris.

. Elle étudie l'anglais.

. Il arrive vers six heures.

. Elle a quel âge ?

❺ 活用表を埋めましょう *Compléter.* (220)

	partir		**sortir**		**dormir**
je	....	je	....	je	....
tu	....	tu	....	tu	....
il	....	il	....	il	....
nous	....	nous	....	nous	....
vous	....	vous	....	vous	....
ils	....	ils	....	ils	....

❻ 例にならって切符を買いましょう

Exemple: *Paris / monsieur*
⇒ Bonjour monsieur, je voudrais un aller simple pour Paris, s'il vous plaît.

1. Lyon / madame
2. Tours / monsieur
3. Marseille / mademoiselle
4. Lille / monsieur
5. Bordeaux / madame

❼ 例にならって疑問文を作りましょう

Exemple: *Elle habite à Paris.⇒ Où habite-t-elle ?*

1. Le cours de français commence à huit heures.
2. J'arrive vers neuf heures.
3. Je vais en France pour étudier le français.
4. Non, ils n'aiment pas beaucoup les crêpes.
5. Mon livre est bleu.

❽ 単語を正しく並べ替えて文を作りましょう

Exemple: *quelle / à / part / il / heure*
⇒ À quelle heure part-il ?

1. qu' / que / est / est / ce / c'
2. allez / pourquoi / en / vous / France
3. cours / finit / le / d' / italien / dix / à / heures
4. au / va / pour / il / étudier / Japon / japonais / le

G R A M M A I R E

le わからん

LE PETIT PRÉCIS GRAMMATICAL

時刻

数字に heure(s) をつけると時刻になります。heure は女性名詞なので、1時は une heure、 2時以降は deux heures と複数形になります。例えば、une heure trente (1 h 30) のように、○○分は heure(s) の後に数字だけを言います。douze heures、vingt-quatre heures の代わりに、正午は midi、深夜12時は minuit を用います。Il est ... heure(s). は「○○時です」。il を主語に用いますが、もちろんこの il には「彼」という意味はありません。フランスには、夏時間 l'heure d'été と冬時間 l'heure d'hiver があり、3月の最終日曜日と10月の最終日曜日に切り替わります。

8時に、8時頃に

「○○時に」と言うときは、前置詞 à を使います。例えば Je pars à 9 heures. とすると「私は9時に出発する」となります。「何時に出発するの？」と尋ねるときは、数字の部分を quelle に置き換え、Tu pars à quelle heure ? とします。疑問文のときにも à を 忘れないようにしましょう。また、はっきりした時間ではなく「○○時頃に」と言うときには、vers 9 heures「9時頃に」のように、à の代わりに vers を用います。

主語と動詞をひっくりかえして、疑問文

疑問文を作るときには3つの方法があります。ひとつはイントネーションを上げるだけ。もうひとつは平叙文の文頭に Est-ce que をつけます。3つ目は、主語と動詞をひっくりかえす（倒置する）方法です。例えば、il est は est-il、vous avez は avez-vous となります。間にある記号 - は、主語と動詞を倒置しましたよ、という 印です。この方法で作られた疑問文が一番丁寧な疑問文です。

やってみよう

/20

Ⓐ 主語と動詞を倒置させた疑問文に変えましょう
Écrire à la forme interrogative (inversion sujet).

1. Vous avez trente ans.
2. Ils aiment le train.
3. Tu habites à Colmar.
4. Elle arrive vers minuit.
5. Il a vingt ans.

Ⓑ （　）の中の動詞を活用させましょう
Conjuguer le verbe entre parenthèses.

6. je ________ (dormir)
7. tu ________ (partir)
8. elle ________ (sortir)
9. vous ________ (dormir)
10. nous ________ (sortir)

Ⓒ 単語を正しく並べ替えて文を作りましょう
Retrouver l'ordre.

11. vers / midi / arrive / j' / .
12. voudrais / je / un / aller-retour / Lyon / pour / .
13. vous / partez / samedi / est-ce / que / ?
14. rendez-vous / avec / tu / as / madame / Val / .
15. quelle / partez / à / vous / matin / le / heure / ?

Ⓓ フランス語にしましょう
Traduire en français.

16. ボルドー方面の電車は何時に到着しますか？
17. 割引券を持っていますか？
18. 電車は12時頃に着きます。
19. フランス語の授業は何時に始まりますか？
20. パリ行きの片道切符が欲しいです。

PARIS

❶ 下の名前と写真を結びましょう。
Associer les noms ci-dessous aux photos.

le musée du Louvre	la tour Eiffel	le musée d'Orsay	
Notre-Dame de Paris	la place Vendôme	l'Arc de Triomphe	le Panthéon

❷ これらの建造物はどこにあるでしょう？
Chercher sur Internet et situer les monuments.

18e 17e 19e 9e 10e 8e 2e 1e 3e 11e 20e 16e 7e 4e 6e 5e 15e 12e 14e 13e

❸ 会話を続けましょう Continuer le dialogue.

- La Tour Eiffel, c'est dans quel arrondissement ?
- C'est dans le septième.

パリには20の区があります。
インターネットで、これらの有名な
建造物が何区にあるか調べましょう。

❶ 下の文を読んで、上の絵に名前を書き入れましょう

Compléter les cases du dessin à l'aide des informations ci-dessous.

1. Jean a un petit chien.
2. Le chien du cuisinier s'appelle Brutus.
3. Lucie est la mère de Lili.
4. Médor est entre l'actrice et Lili.
5. Brutus est à droite de la lycéenne.
6. Le frère du cuisinier ne travaille pas.
7. Le chien de Georges est grand.
8. La lycéenne est petite.
9. Pitouille est le plus petit.
10. Lucie a un grand chapeau avec une fleur.
11. Georges a un petit chapeau mais il n'a pas de lunettes.
12. Le chien du père de Lili ne s'appelle pas Pitouille.
13. Le retraité est à gauche de l'actrice.
14. Lili a un grand chapeau.

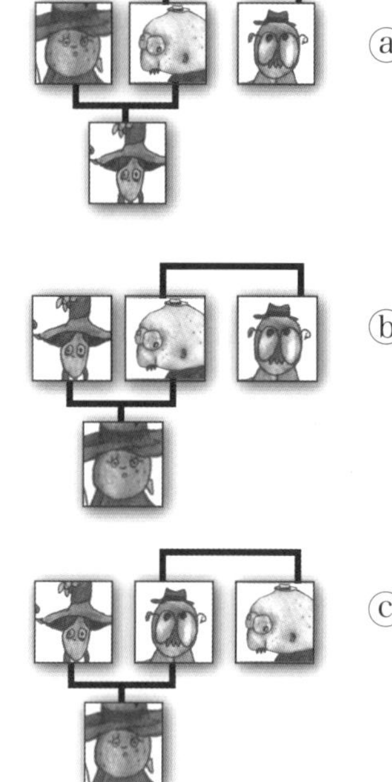

❷ 右の家族構成図の中で正しいものはどれでしょう？

À droite, il y a trois schémas. Lequel est correct: ⓐ, ⓑ ou ⓒ ?

On va plus loin

❶ 表をよく見てみましょう *Observer.* (221)

	HEURE OFFICIELLE	HEURE COURANTE	
01:00	une heure		01:00
01:05	une heure cinq		01:05
01:10	une heure dix		01:10
01:15	une heure **quinze**	une heure **et quart**	01:15
01:20	une heure vingt		01:20
01:25	une heure vingt-cinq		01:25
01:30	une heure **trente**	une heure **et demie**	01:30
01:35	une heure **trente-cinq**	**deux** heures **moins vingt-cinq**	01:35
01:40	une heure **quarante**	**deux** heures **moins vingt**	01:40
01:45	une heure **quarante-cinq**	**deux** heures **moins le quart**	01:45
01:50	une heure **cinquante**	**deux** heures **moins dix**	01:50
01:55	une heure **cinquante-cinq**	**deux** heures **moins cinq**	01:55
02:00	deux heures		02:00

❷ 時刻をたずねて、答えましょう *Demander l'heure. Répondre.* (222)

Exemple: *- Quelle heure est-il ?*
- Il est trois heures moins dix.
- Merci.

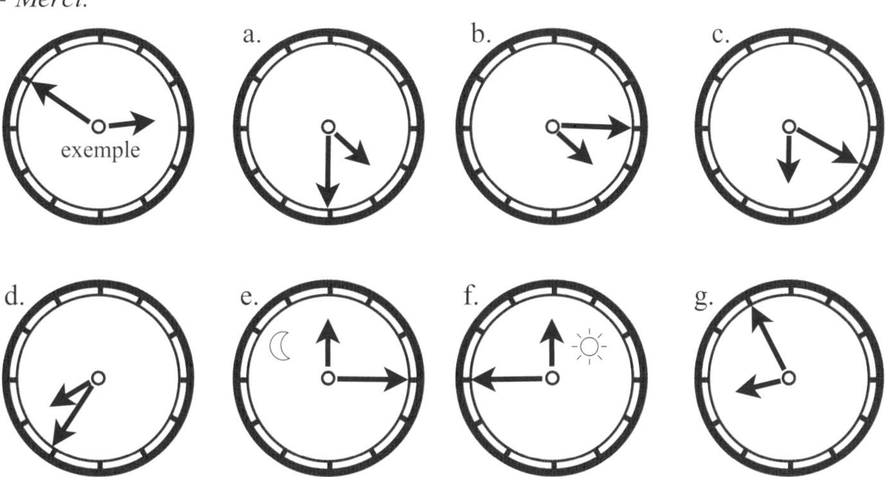

Leçon 14 日常生活を話す、頻度を表す表現

223 **VOCABULAIRE**

se **réveiller**

se **laver**

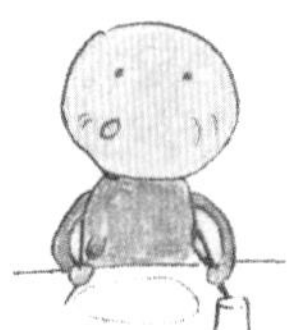
manger

lire

travailler

faire une promenade

faire le ménage

faire les courses

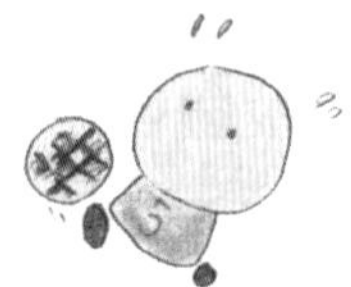
faire du sport

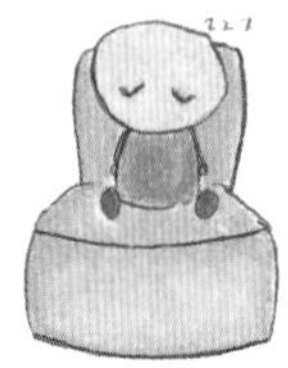
se **reposer**

s'**occuper des plantes**

s'occuper de 世話をする

prendre le bus

avoir un cours

regarder la télé

se **coucher**

224 **se coucher**

je	me	couche
tu	te	couches
il	se	couche
nous	nous	couchons
vous	vous	couchez
ils	se	couchent

je **ne me** couche **pas**
je **ne m'**amuse **pas**

combien de temps

225 質問に答えましょう **QUESTIONS**

Répondre aux questions.

1. En général, **vous vous réveillez** tôt ?
2. En général, **vous vous couchez** tard ?
3. **Vous vous couchez** à quelle heure le samedi ?
4. **Vous vous lavez** le matin ou le soir ?
5. Vous utilisez votre smartphone combien de temps par jour ?
6. Est-ce que vous étudiez le français tous les jours ?

tôt ↔ tard

Ça dépend des jours.

Leçon 14

(226) モデルをまねて会話をしましょう **MODÈLE 1**

Faire des variations selon le modèle.

- Paul travaille **de** quelle heure **à** quelle heure ?
- Il travaille **de** cinq heures **à** midi.
- Et Mélissa ?

de ... à ...

ex.	1	2	3	4
Paul	Mélissa	Nicolas	Sylvain	Vanessa
5h〜12h	8h30〜16h	14h〜21h	8h15〜15h	20h55〜0h30

→ Et vous ? Vous travaillez **de** quelle heure **à** quelle heure ?
→ Votre cours de français est **de** quelle heure **à** quelle heure ?

(227) モデルにならって会話をしましょう **MODÈLE 2**

Faire des variations selon le modèle.

Vous faites souvent du tennis ?

je fais **du tennis** j'**en** fais	une	fois heure(s)	par	jour
	deux			semaine
	une ou deux			mois
	deux ou trois			an
	tous les jours			
	souvent			
je n'**en** fais	pas souvent			
	presque jamais			
	jamais			

(228)
- Vous faites du sport ?
- Oui, je fais du volley-ball.
- Vous en faites souvent ?
- Oui, j'en fais tous les jours.

○ → Je n'en fais pas.
○ → Je n'en fais jamais.
× → Je n'en fais pas jamais.

Luc	Isabelle	Cassandre	Lila	Akim
faire du tennis	faire de la natation	faire du foot	faire du piano	faire de la guitare
2 fois / semaine	3 fois / semaine	1 fois / mois	3 ou 4 fois / an	1 heure / jour

Activités

❶ Ⓐ 聞いて質問に答えましょう *Écouter et répondre aux questions.* (229)

Exemple: *Qu'est-ce qu'il fait le matin de 7h05 à 7h30 ?*

Ⓑ 例にならって質問をし、それに答えましょう *Parler.*

Exemple: *Qu'est-ce qu'il fait le matin ? Est-ce qu'il travaille de 7h05 à 7h30 ?*
Est-ce qu'il se lave le soir ? À quelle heure est-ce qu'il se lave ?

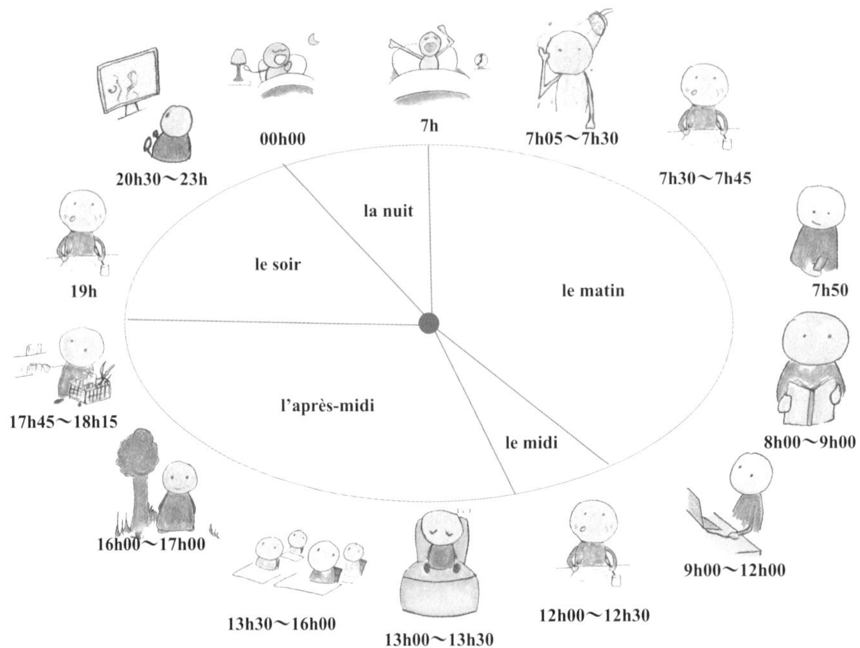

Ⓒ 聞いて印をつけましょう

Écoutez et cochez la bonne réponse. (230)

	1	2	3	4	5
vrai	□	□	□	□	□
faux	□	□	□	□	□

Ⓓ 普段の生活について書きましょう

Écrire. Raconter une journée normale.

Exemple: *En général, je me réveille à 7h00.*

❷ Ⓐ 聞いて表を埋めましょう *Écouter et compléter.* (231)

Exemple: *Thibaut fait souvent du sport.*

	faire du sport	faire des gâteaux	faire des crêpes	lire des romans	écouter de la musique
Thibaut	souvent				
Mélissa					
Valentin					

Ⓑ 例にならって話しましょう *Parler.*

Exemple: *Est-ce que Thibaut fait souvent du sport ? Oui, il en fait souvent.*

Ⓔ Ⓧ Ⓔ Ⓡ Ⓒ Ⓘ Ⓒ Ⓔ Ⓢ

❶ 下の動詞を正しく活用して下線部に書き入れましょう *Compléter le texte.*

se réveiller / se laver / lire / faire une promenade / manger / travailler

Le matin, je .... à huit heures. Je .... et ensuite je .... un roman. De dix heures à midi, en général, je .... avec Jean. Nous aimons les promenades. Nous .... à midi et l'après-midi nous ....

❷ 例にならって書きましょう

Exemple: *se laver le matin / il*
⇒ *Il se lave le matin? Non, il ne se lave pas le matin, il se lave le soir.*

1. se reposer le matin / vous
2. faire une promenade le matin / elle
3. prendre le bus le matin / tu
4. téléphoner le matin / il
5. se laver le matin / vous

❸ 例にならって書きましょう

Exemple : *faire du sport / tous les jours / il*
⇒ *- Il fait souvent du sport ?*
- Oui, il en fait tous les jours.

1. faire des gâteaux / une fois par semaine / elles
2. faire du piano / presque jamais / tu
3. écouter de la musique / elle / pas souvent
4. parler de politique / ils / jamais
5. manger du chocolat noir / vous / tous les jours

❹ 下の文を正しい語順に直しましょう *Remettre dans l'ordre.*

1. je / quatre / par / tennis / trois / fais / ou / fois / mois / du
2. jamais /n' / elle / fait / presque / en
3. le / faites / promenade / ne / vous / de / pas / soir
4. en / tu / jours / fais / tous / les

❺ テキストを読んで質問に答えましょう *Lire le texte et répondre aux questions.*

En général, Camille se réveille vers sept heures. Elle prend le petit-déjeuner et elle se lave après. Ensuite, elle lit ou elle regarde la télévision. Elle n'étudie jamais le matin. Souvent elle fait une promenade et elle parle un peu avec sa voisine. Elle mange souvent"chez Robert", le restaurant à côté de chez elle. L'après-midi, elle fait les courses et elle prépare le dîner. En général, elle dîne avec ses parents. Après le dîner, elle regarde un peu la télévision, elle fait de la musique et elle se couche à minuit.

Ⓐ 聞いて印をつけましょう *Écouter et répondre.*

	1	2	3	4	5
vrai	□	□	□	□	□
faux	□	□	□	□	□

(232)

Ⓑ 質問に答えましょう *Écrire.*

1. Que fait-elle l'après-midi ?
2. Avec qui dîne-t-elle ?
3. Après le petit-déjeuner, que fait-elle ?

❻ 聞いて印をつけましょう *Écouter.*

	a	b	c	d	e
[ɛ]	□	□	□	□	□
[e]	□	□	□	□	□

(233)

GRAMMAIRE

le わからん

LE PETIT PRÉCIS GRAMMATICAL

Je lave？ je me lave？

laver は「洗う」という動詞です。「お皿を洗う」は Je lave une assiette.「車を洗う」は Je lave ma voiture. では、自分の体を洗うときは？ je lave "moi" とは言わず、Je me lave. となります。そして「彼」の場合は Il se lave.「あなた」の場合は Vous vous lavez. となります。 このように、動作の目的語が主語自身であるとき、フランス語では代名動詞という動詞を使います。 主語の後につく me, vous などの目的語は主語に応じて変化しますので、活用と合わせて覚えましょう。また、動詞が母音、無音の h で始まっているときは、je m'habille のように、me, te, se が m', t', s' になるので注意して下さい。

Je m'appelle Nicolas, je me promène au parc.

例えば、犬を散歩させるときは、Je promène mon chien. と言います。これを Je me promène. にすると、「散歩をする」という意味になります。自分で自分を散歩させる、そんな考え方なのです。ところで、この代名動詞、実は Leçon 1 で、一番初めに習う動詞 なのですよ。そう、自分の名前を言うときに、Je m'appelle ... と言いましたね？これも 同じ仲間です。appeler は「呼ぶ」という意味で、J'appelle Nicolas. で「私はニコラを呼ぶ」 という意味になります（「電話する」という意味にもなります）。つまり、Je m'appelle Nicolas. は、私は私をニコラと呼びます、という言い方で、自分の名前を紹介しているのです。面白いですね。

Jamais は 決して pas と一緒にしてはいけません！

jamais は「決して〜ない」という意味の否定の表現に使います。否定文は動詞を ne と pas ではさむと習いましたが、jamais は pas の代わりに使うので、jamais を使うときは pas を重ねて使う必要はありません。ですから、Je ne fais pas jamais de sport. ではなく、Je **ne** fais **jamais** de sport. か、Je **ne** fais **pas** de sport. のどちらかになります。肯定文のときの冠詞 du, de la, de l' が、否定文では de になることにも注意しましょう。

やってみよう

/10

Ⓐ（　）内の動詞を正しく活用させましょう
Conjuguer le verbe entre parenthèses au présent.

1. Je ＿＿＿＿＿ tôt. (se réveiller)
2. Elles ＿＿＿＿＿ quoi ? (faire)
3. Tu ＿＿＿＿＿ après. (se laver)
4. Vous ＿＿＿＿＿ le soir. (lire)
5. On ＿＿＿＿＿ tard. (se coucher)

Ⓑ フランス語にしましょう
Traduire en français.

6. 私は遅く寝ます。
7. あなたは何時から何時まで仕事するの？
8. 彼らは毎日本を読んでいます。
9. あなたは月に一回テニスをします。
10. 彼はほとんど休まない。

PAGE CULTURELLE

1.

SAMEDI / 20H30 À 2H
22 JUIN
RAMBOUILLET
PLUS DE 100 GROUPES
FINAL FUNK EXPLOSIF
fête de la musique
2013
+ VENDREDI 21 JUIN
BARS EN FÊTE

2.

DU 20 JUILLET AU 18 AOÛT
LUNDI 17H - 20H : BAL RETRO
MARDI 17H - 20H : BAL SWING
MERCREDI 17H - 20H : BAL TROPICAL SALSA
JEUDI 17H - 20H : BAL ROCK
VENDREDI 17H - 20H : BAL POPULAIRE
SAMEDI 17H - 20H : BAL POPULAIRE
DIMANCHE 15H - 17H : BAL DES ENFANTS
17H - 20H : BAL ROCK VINTAGE
fifties Sound présente
BAL DE PARIS PLAGE
GRATUIT! - 41 QUAI DE LA SEINE - 75019 PARIS
Ⓜ RIQUET OU Ⓜ STALINGRAD (BASSIN DE LA VILLETTE)
WWW.FIFTIESSOUND.COM

3.

4.

資料を見て、表を埋めましょう。Observer les documents et compléter.

	doc 1	doc 2	doc 3	doc 4
C'est où ?				
C'est quand ?				
C'est quoi ?				

Récréation

Dans le bus, il y a dix personnes. Le bus s'arrête[1]: trois personnes montent[2] et deux personnes descendent[3] au premier arrêt. Le bus repart[4]. Au deuxième arrêt, une femme[5] avec un grand chapeau monte. Le bus repart, et au troisième arrêt, sept personnes descendent et onze personnes montent dans le bus. La femme avec le grand chapeau est toujours[6] dans le bus. Le bus repart. Au quatrième arrêt, la femme avec le grand chapeau descend et quatorze personnes montent dans le bus.

1. s'arrêter (止まる)
2. monter (乗る)
3. descendre (降りる)
4. repartir (再び出発する)
5. femme (女の人)
6. まだ

Question 1. Le bus s'arrête combien de fois ?
Question 2. Combien de personnes sont dans le bus au dernier arrêt ?
Question 3. La femme avec le chapeau monte à quel arrêt ?

Réécrire les lignes ci-dessous en essayant d'écrire à la française. **Écrire à la française**

例にならってフランス式筆記体で書いてみましょう

La France est en Europe. Le Japon est en Asie.

Vous habitez à Toulouse. Elle aime Paris.

On va plus loin

inviter, accepter, refuser
誘う、誘いに応じる、断る

❶ 活用表をよく見てみましょう *Observer les conjugaisons.* (234)

vouloir	devoir	pouvoir
je veux	je dois	je peux
(je voudrais)	tu dois	tu peux
tu veux	il doit	il peut
il veut	vous devez	vous pouvez
vous voulez		
英：want	英：have to	英：can

❷ Ⓐ 例にならって会話をしましょう *Parler : faire des variations.* (235)

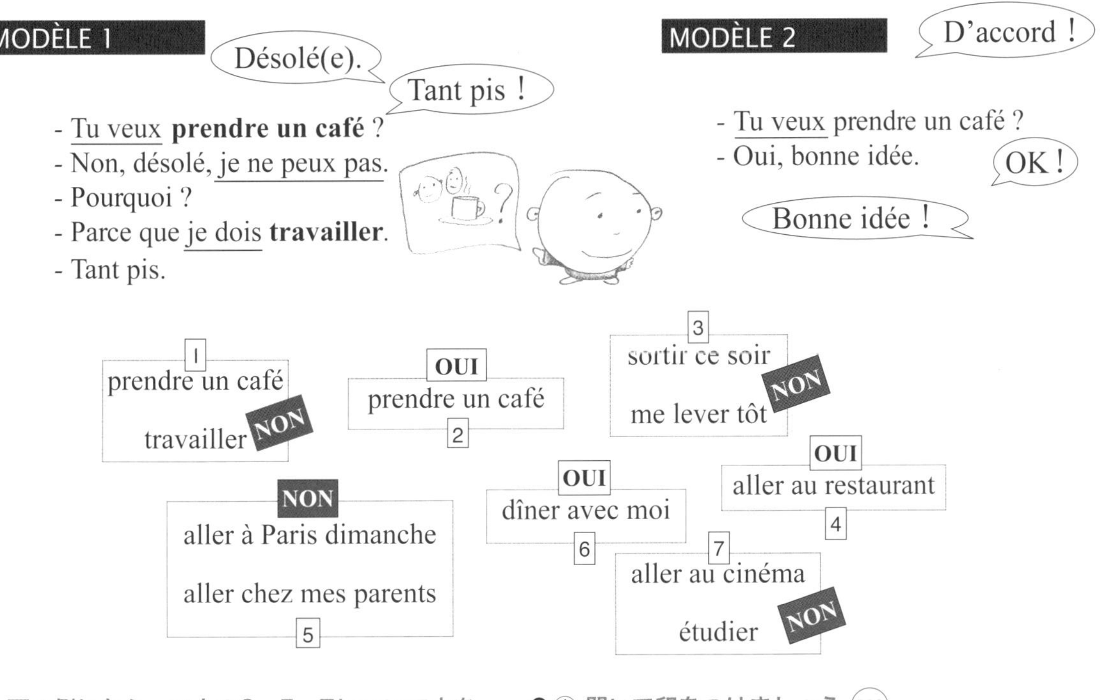

Ⓑ 下の例にならって上の3、5、7について文を書きましょう *Écrire. (utiliser les n°3, 5, 7)*

Exemple:

1 *Je voudrais prendre un café, mais je ne peux pas parce que je dois travailler.*

❸ Ⓐ 聞いて印をつけましょう (236)
Écouter. Cocher la bonne réponse.

	1	2	3	4	5
acceptation	☐	☐	☐	☐	☐
refus	☐	☐	☐	☐	☐

Ⓑ 断る理由を聞き取りましょう *Noter la raison du refus.*

❹ 次の質問に答えましょう *Répondre.*

→ *Qu'est-ce qu'on ne peut pas faire dans la classe ?*

→ *Qu'est-ce qu'on doit faire dans la classe ?*

MODÈLE 1

237

Pierre a travaillé.

Pierre a mangé.

Pierre a regardé la télé.

Pierre a pris une photo.

Pierre a eu un cours.

Pierre a lu un livre.

Pierre a fait du sport.

Pierre a fait des courses.

Pierre a fait le ménage.

Pierre a bu un thé.

Pierre a pris le bus.

Pierre a vu une exposition.

j'	ai	mangé
tu	as	téléphoné
il	a	parlé
elle	a	regardé
nous	avons	acheté
vous	avez	visité
ils	ont	étudié
elles	ont	fait
		pris
		été
		eu
		vu
		lu
		dormi
		dit

1. 例にならって話しましょう
2. 主語を変えて会話をしましょう

1. Faire des variations.
2. Rejouer les scènes en changeant le sujet (ils / elles / vous...)

MODÈLE 2

238

hier matin

- Qu'est-ce qu'il a fait hier matin ?
- Hier matin, il a fait le ménage et après il a fait les courses.

hier après-midi ⓐ | hier soir ⓑ | hier ⓒ | ce matin ⓓ

MODÈLE 3

239 例にならって否定文で答えましょう

Faire des variations à partir des modèles.

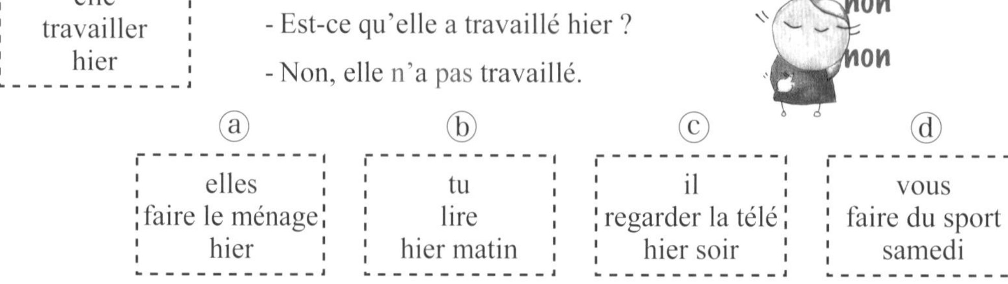

elle
travailler
hier

- Est-ce qu'elle a travaillé hier ?
- Non, elle n'a pas travaillé.

ⓐ elles / faire le ménage / hier

ⓑ tu / lire / hier matin

ⓒ il / regarder la télé / hier soir

ⓓ vous / faire du sport / samedi

(240) モデルをまねて会話をしましょう **MODÈLE 4**

Faire des variations selon le modèle.

- Où est-ce qu'il est allé hier ?
- Il est allé à l'université.
- Et après, où est-ce qu'il est allé ?
- Après, il est allé à la poste.

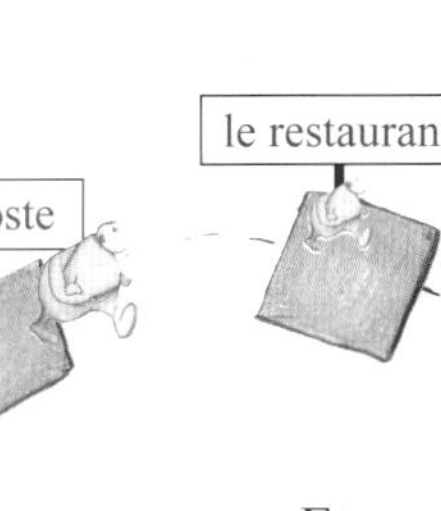

le musée

l'opéra

le restaurant

la poste

l'université

il est	allé
	arrivé
	resté
	parti

- Et vous ? Qu'est-ce que vous avez fait, hier ?

(241) モデルをまねて書きましょう **MODÈLE 5**

Écrire des variations selon le modèle.

ils
restaurant
20h〜22h

Hier, ils sont allés au restaurant.

Ils sont arrivés à 20 heures.

Ils sont partis à 22 heures.

Ils sont restés 2 heures.

je	suis	allé(e)
tu	es	allé(e)
il	est	allé
elle	est	allée
nous	sommes	allé(e)s
vous	êtes	allé(e)(s)
ils	sont	allés
elles	sont	allées

ⓐ	ⓑ	ⓒ	ⓓ
ils poste 9h10〜9h30	elle cinéma 21h〜23h	il université 10h〜12h	tu musée 14h〜15h

(242) モデルをまねて会話をしましょう **MODÈLE 6**

Faire des variations selon le modèle.

- Est-ce qu'il est allé en Italie en bateau ?
- Non, il n'est pas allé en Italie en bateau.

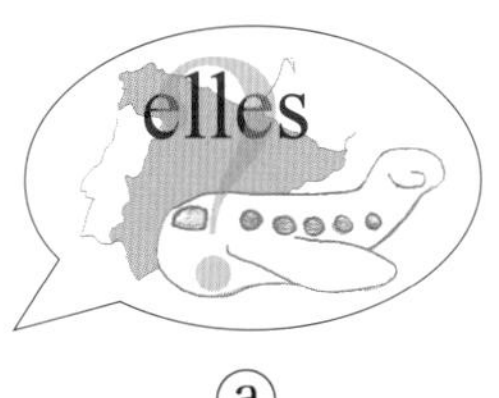

ⓐ

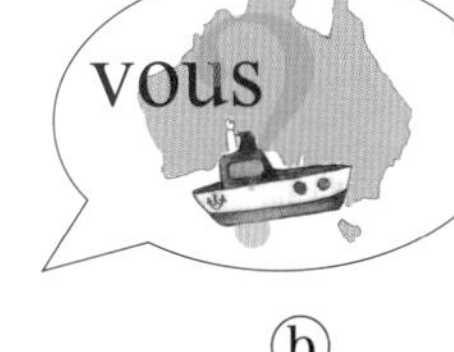

ⓑ

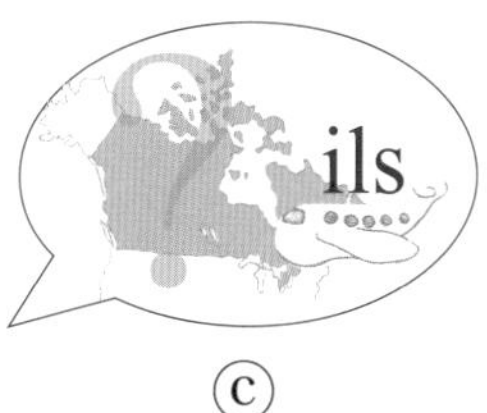

ⓒ

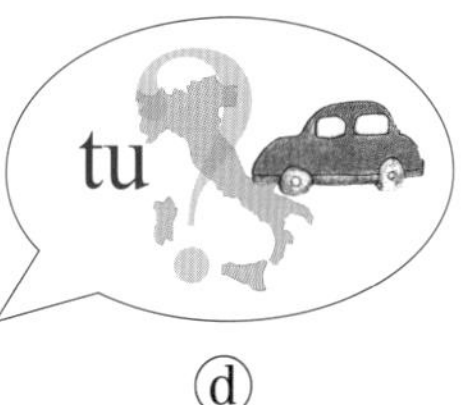

ⓓ

Activités

❶ Ⓐ 例にならって会話をしましょう *Parler.*

Exemple: *Qu'est-ce que monsieur Dupont a fait le matin ? Est-ce que madame Dupont a vu une exposition le matin?*

Ⓑテキストを読んで間違いを見つけましょう

Lire le texte, regarder les dessins à gauche et relever au moins quatre erreurs.

Hier, j'ai pris mon petit-déjeuner à huit heures trente. Ensuite, j'ai vu une exposition. J'ai pris des photos. J'ai mangé à midi. L'après-midi, j'ai fait une promenade dans un parc. J'ai téléphoné à ma femme et après j'ai lu. Après, j'ai pris le bus. J'ai dormi un peu dans le bus. Le soir, j'ai dîné à sept heures trente. Après, j'ai regardé la télé de neuf heures à minuit.

Ⓒ デュポン氏の１日を書きましょう

Écrire la journée de monsieur Dupont.

Exemple: *Hier, il a pris son petit-déjeuner à ...*

Ⓓ デュポンさんの奥さんの１日を書きましょう

Écrire la journée de madame Dupont.

Exemple: *Hier, elle a pris son petit-déjeuner à ...*

Ⓔ 聞いて文を書きましょう ***Écouter et écrire la phrase.***

Exemple: *Il a vu une exposition le matin.* (243)

Ⓕ 聞いて答えましょう ***Écouter.*** (244)

	1	2	3	4	5
présent	□	□	□	□	□
passé	□	□	□	□	□

❷ Ⓐ 聞いて表を埋めましょう *Écouter et compléter.* (245)

Ⓑ 聞いて答えましょう *Écouter et répondre.* (246)

	lundi	mardi	mercredi	jeudi	vendredi	samedi	dimanche
matin							
après-midi							
soir							

ⒺⓍⒺⓇⒸⒾⒸⒺⓈ

❶ 例にならって書きましょう

Exemple: *Elles .... monsieur Lelong. (voir)*
⇒ Elles ont vu monsieur Lelong.

1. Il .... un film avec moi. (voir)
2. Est-ce qu'ils .... le film ? (aimer)
3. Est-ce que tu .... aux États-Unis ? (habiter)
4. Est-ce qu'elle .... jeudi ? (téléphoner)
5. Je .... l'Espagne. (visiter)
6. Elle .... des cartes postales. (acheter)
7. Est-ce que vous .... du sport ? (faire)
8. Ils .... un thé hier. (prendre)
9. Vous .... en France ? (être)

❷ 否定形にしましょう

Exemple: *J'achète des souvenirs.*
⇒ J'ai acheté des souvenirs. Je n'ai pas acheté de souvenirs.

1. Il fait du sport.
2. Elle prend des photos.
3. Il écrit une carte postale.
4. Tu manges un sandwich.
5. Je vois un ami.

❸ 例にならって書きましょう

Exemple: *Ils partent tôt.*
⇒ Ils sont partis tôt.
⇒ Ils ne sont pas partis tôt.

1. Nous restons du lundi au mercredi.
2. Elle arrive demain.
3. Vous restez trois jours.
4. J'arrive à Paris à 21 heures.
5. Il va en France en septembre.

❹ 質問を考えましょう *Trouver la question.*

1. Hier ? J'ai fait un peu de shopping.
2. Elle est partie vers sept heures.
3. Il a mangé une salade niçoise.
4. Non, il n'est pas allé au Portugal.
5. Lundi ? Non, elle n'a pas fait de promenade.
6. J'ai travaillé et j'ai fait un peu de sport.
7. Il est allé en Italie en bateau.
8. Si, je suis resté à Paris.

❺ Ⓐ 下の文を複合過去形にしましょう
Écrire le texte au passé composé.

Dimanche, Lucie dort jusqu'à onze heures. Elle ne prend pas de petit-déjeuner mais elle mange avec ses parents à midi. L'après-midi, elle fait du sport avec ses amis et le soir, elle va au restaurant avec Noémi. Après, elle regarde un peu la télévision. Elle dort à minuit.

Ⓑ あなたは先週の日曜日に何をしましたか？
答えてみましょう *Et vous ? Qu'est-ce que vous avez fait dimanche ?*

❻ 聞いて答えましょう *Écouter et répondre.* (247)

1. Quand est-ce qu'il a vu un film ?
2. Quand est-ce qu'il a parlé à Dominique ?
3. Quand est-ce qu'il a pris une photo ?
4. Comment est-ce qu'il est allé à Paris ?

❼ 聞いて印をつけましょう *Écouter.* (248)

	a	b	c	d	e
ils ont / elles ont	□	□	□	□	□
ils sont / elles sont	□	□	□	□	□

G R A M M A I R E

le わからん

LE PETIT PRÉCIS GRAMMATICAL

昨日、何した？

昨日したことを言うときには、複合過去形を使います。助動詞と過去分詞から作られる過去形なので、複合過去形と言います。助動詞は avoir または être の現在形ですから、過去分詞を覚えてしまえば、どんどん複合過去形を作ることができます。

過去分詞のかたち

過去分詞は、動詞の不定詞で決まります。manger や visiter のように不定詞の語尾が -er なら、過去分詞は -é となります。finir や partir のように不定形が -ir で終わる動詞では -i となります。現在形の活用が不規則な動詞は、過去分詞もちょっと変わっているので、注意が必要です。例えば être の過去分詞は été、avoir は eu となります。

助動詞はどっち？ avoir？ être？

助動詞に être を使う動詞はどんな動詞でしょう。aller（行く）, monter（登る）, partir（出発する）などがあります。共通点は何でしょうか。どれも移動を表す動詞ですね。rester（留まる）も助動詞は être ですが、これは移動が0であることを表します。また、se lever, s'amuser などの代名動詞にも助動詞は être を使いますが、être は se や me と動詞の間に入れるので注意しましょう。これらの動詞以外には、助動詞は avoir を使います。ところで、助動詞に être を用いる複合過去形の過去分詞を観察してみましょう。「彼は行った」は il est allé ですが「彼女は行った」では elle est allée です。過去分詞の語尾が、形容詞のように変化していますね。助動詞に être を用いる場合には、過去分詞を主語の性に合わせて変化させます。ils sont allés, elles sont allées と複数になるところも、形容詞と同じです。

やってみよう

/20

Ⓐ 以下の文章を複合過去に変えましょう
Écrire les phrases au passé composé.

1. Il arrive tôt.
2. Nous faisons du sport.
3. Elle ne va pas à Paris.
4. Elle reste une heure.
5. Mon frère part ce matin.
6. Tu fais le ménage.
7. Je ne lis pas de livres difficiles.
8. Vous dites quoi ?
9. Ils arrivent à huit heures.
10. Je vois une exposition avec Emma.

Ⓑ 単語を正しく並べ替えて文を作りましょう
Retrouver l'ordre.

11. n' / y / elle / pas / est / allée / .
12. tu / as / fait / qu' / est-ce / hier / que / ?
13. quand / tu / as / pris / une / est-ce que / photo / ?
14. il / est / tôt / parti / .
15. elle / n' / a / pris / bus / le / pas / .

Ⓒ フランス語にしましょう
Traduire en français.

16. 彼は散歩しなかったです。
17. 彼女たちはどうやってパリに行きましたか？
18. 彼女は２時に着いた。
19. 私は展覧会を見ませんでした。
20. 昨日、何をしましたか？

LA POÉSIE

Pour toi mon amour

Je suis allé au marché aux oiseaux
et j'ai acheté des oiseaux
pour toi
mon amour

Je suis allé au marché aux fleurs
et j'ai acheté des fleurs
pour toi
mon amour

Je suis allé au marché à la ferraille
et j'ai acheté des chaînes, de lourdes chaînes
pour toi
mon amour

Et, je suis allé au marché aux esclaves
et je t'ai cherchée mais je ne t'ai pas trouvée
mon amour

Jacques Prévert

Jacques Prévert fait certainement partie des poètes préférés des Français. Ses poèmes sont écrits dans un français très simple qui va droit au cœur des Français. Il a aussi écrit des scénarios de films cultes en France comme *les Enfants du Paradis* et *Quai des brumes*. C'est lui enfin qui a écrit les paroles des *Feuilles mortes*.

ジャック・プレヴェールはフランス人の好む詩人のひとりです。シンプルなフランス語で書かれた詩はフランス人の心にまっすぐに届きます。『天井桟敷の人びと』や『霧の波止場』など熱烈なファンの多い映画のシナリオや、シャンソン『枯葉』の歌詞を書いたのも、ジャック・プレヴェールです。

Répondre en moins de 30 secondes.

jeu de l'oie

復習のすごろくです。
30秒以内に答えましょう！

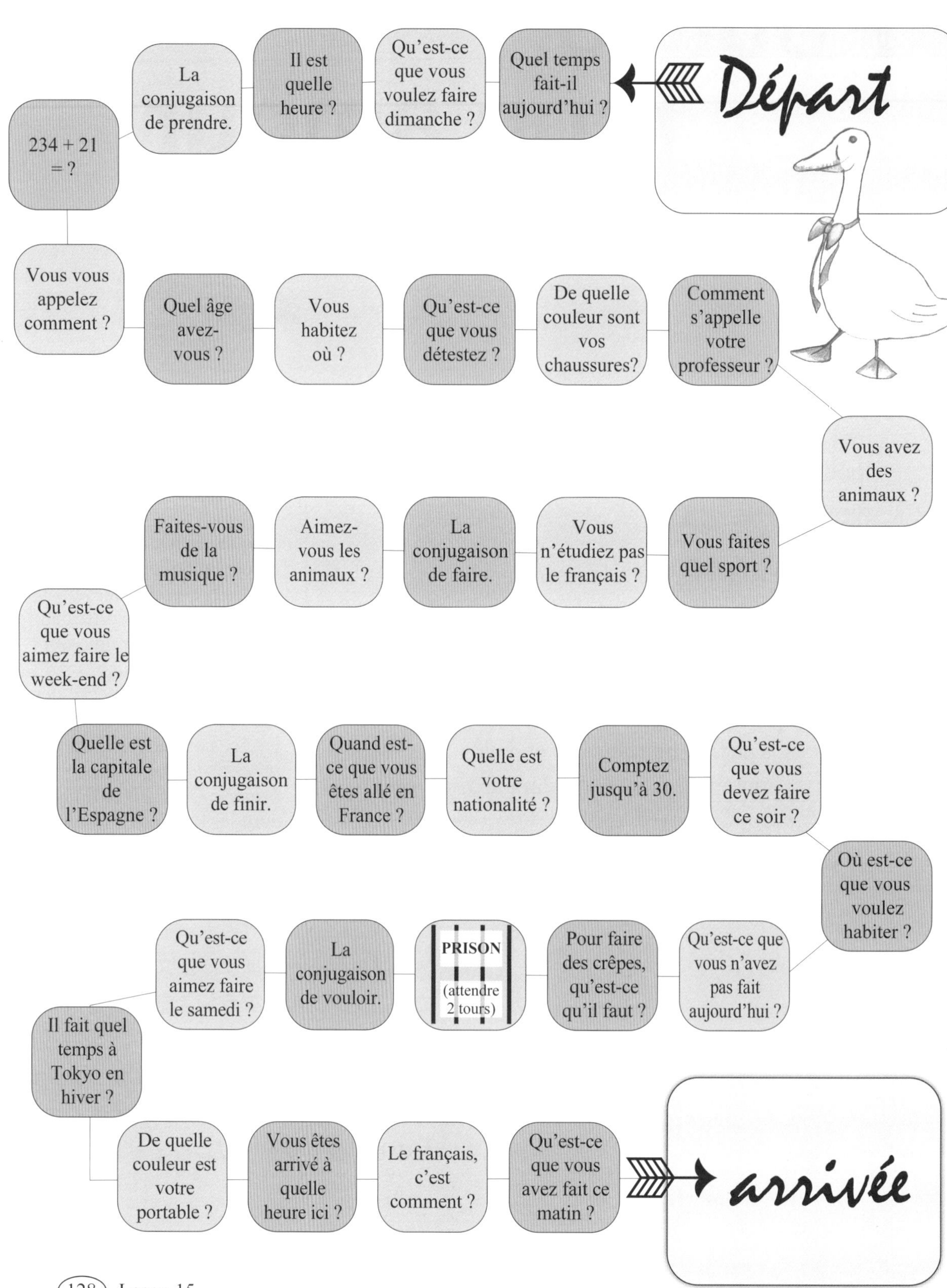

On va plus loin

se coucher
je me suis couché(e)
tu t'es couché(e)
il s'est couché
elle s'est couchée

❶ ⓐ 次の表をよく見ましょう *Observer.* (249)

c'est → c'était

c'était	bien
	dur
	intéressant
	beau
	bon
	cher

Je me suis reposé pendant une heure.

J'ai mangé au restaurant. bon !

L'après-midi, j'ai acheté un livre.

J'ai vu une exposition. beau !

J'ai lu pendant une heure. intéressant !

Je me suis réveillé tôt.

Je me suis couché tôt.

ⓑ 質問に答えましょう *Répondre.*

Qu'est-ce qu'il a fait hier ? C'était comment ?
Et vous, qu'est-ce que vous avez fait cette semaine ? C'était comment ?

(250)

❷ ⓐ 右の表を使って質問に答えましょう
Répondre aux questions, utiliser le tableau.

ⓑ 他の質問も考えましょう
Imaginer d'autres questions.

il y a trois jours	avant-hier	hier	aujourd'hui
3 日前	一昨日	昨日	今日
il y a trois semaines	il y a deux semaines	la semaine dernière	cette semaine
3 週間前	2 週間前	先週	今週
il y a trois mois	il y a deux mois	le mois dernier	ce mois-ci
3 ヶ月前	2 ヶ月前	先月	今月

Avez-vous fait du sport aujourd'hui ?

Non, mais j'ai fait du sport il y a trois jours.

Quand avez-vous fait les courses ?

____

Où êtes-vous allé avant hier ?

____

On écoute une chanson ?

Ⓐ QRコードを使用してプレイリストにアクセスしましょう
Accéder à la liste de lecture via le code QR.

Ⓑ いくつかの曲を聴いて、気に入った曲を選んでみましょう
Écouter plusieurs chansons et choisir une chanson.

Ⓒ 以下の質問に答えて、この曲を紹介しましょう
Présenter cette chanson en répondant aux questions ci-dessous.

Questions

1. Quel est le titre de la chanson ?
2. Comment s'appelle le chanteur (la chanteuse / le groupe) ?
3. C'est quel genre de musique ?
4. Qui est l'auteur des paroles ?
5. Qui est le compositeur ?
6. Quel est le thème de la chanson ?
7. On entend quels instruments dans cette chanson ?
8. Pourquoi aimez-vous cette chanson ?

Ⓓ インターネットで歌の歌詞を探して、サビを書きましょう
Chercher les paroles de la chanson sur Internet et écrire le refrain.

Champs Élysées guitare

ANNEXES

Anticipation

-er 動詞と faire の複合過去

過去形で言ってみましょう

251

Tu **as fait** quoi Vous **avez fait** quoi Qu'est-ce que tu **as fait** Qu'est-ce que vous **avez fait**	hier cette semaine ce week-end pendant les vacances	?

252

J'ai	regard**é**	un drama. des vidéos. la télévision.
	mang**é** au restaurant.	
	étudi**é**.	
	parl**é** à des amis.	
	écout**é** de la musique.	
	fait du sport.	
	jou**é** aux jeux vidéo.	

253

Je suis	all**é** **(e)**	au restaurant.
		chez mes parents.
		en France / à Paris.
		au cinéma.
		à l'université.
		à la montagne.
		à la mer.
		faire du shopping.

avec	des amis ma sœur mes parents

ensuite / après / et ensuite / et après

ACTIVITÉS

travailler
étudier
jouer aux jeux vidéo
chanter au karaoké
manger au restaurant
acheter des vêtements
étudier dans un café
faire un pique nique
faire du shopping
faire du sport

LIEUX

aller au lycée
aller à l'université
aller au travail
aller à un concert
aller voir mes parents / des amis
aller dans un onsen
aller dans un café
aller dans un parc
aller à Kyoto
aller à Disneyland

答えましょう ***Répondre.***

Qu'est-ce que vous avez fait hier ?

……………………………………………………………………………………

……………………………………………………………………………………

parler de soi (254)

[1] travailler

[2] parler avec des amis

[3] manger au restaurant

[4] regarder la télé

[5] écouter de la musique

[6] marcher

[7] inviter des amis

[8] chanter au karaoké

[9] acheter des trucs

[10] aller au cinéma

[11] rentrer tard

[12] rester à la maison

[13] faire du sport

[14] faire des courses

[15] faire le ménage

[16] faire du shopping

[17] lire

[18] dormir

[19] avoir un cours

[20] prendre le bus

Anticipation

近接未来 未来形で言ってみましょう

255

Tu **vas faire** quoi Vous allez **faire** quoi Qu'est-ce que tu **vas faire** Qu'est-ce que vous **allez faire**	demain ce week-end la semaine prochaine pendant les vacances	?

256

Je vais	regard**er**	un drama.
		des vidéos.
		la télévision.
	mang**er** au restaurant.	
	étudi**er**.	
	parl**er** à des amis.	
	écout**er** de la musique.	
	faire du sport.	
	jou**er** aux jeux vidéo.	

!

257

Je vais	all**er**	au restaurant.
		chez mes parents.
		en France / à Paris.
		au cinéma.
		à l'université.
		à la montagne.
		à la mer.
		faire du shopping.

avec	des amis
	ma sœur
	mes parents

ensuite / après / et ensuite / et après

ACTIVITÉS

travailler
étudier
jouer aux jeux vidéo
chanter au karaoké
manger au restaurant
acheter des vêtements
étudier dans un café
faire un pique nique
faire du shopping
faire du sport

LIEUX

aller au lycée
aller à l'université
aller au travail
aller à un concert
aller voir mes parents / des amis
aller dans un onsen
aller dans un café
aller dans un parc
aller à Kyoto
aller à Disneyland

答えましょう ***Répondre.***

Qu'est-ce que vous allez faire ce week-end ?

....

....

parler de soi

POSER DES QUESTIONS

	Tu travailles ?	**Est-ce que** tu travailles ?	Travailles-tu ?	働いていますか？
	Paul travaille ?	Est-ce que Paul travaille ?	Paul travaille-t-il ?	ポールさんは働きますか？
quand	Paul travaille quand ? Tu arrives quand ?	Quand est-ce que Paul travaille ? Quand est-ce que tu arrives ?	Quand Paul travaille-t-il ? Quand arrives-tu ?	いつポールさんは働きますか？ いつ着きますか？
qui	Qui travaille ? C'est qui ?	Qui est-ce qui travaille ? Qui est-ce que c'est ?	Qui travaille ? Qui est-ce ?	誰が働いているのですか？ 誰ですか？
où	Tu travailles où ? Vous habitez où ?	Où est-ce que tu travailles ? Où est-ce que vous habitez ?	Où travailles-tu ? Où habitez-vous ?	どこで働いているのすか？ どこに住んでいますか？
pourquoi	Pourquoi tu travailles ?	Pourquoi est-ce que tu travailles ?	Pourquoi travailles-tu ?	どうして働いているのですか？
que / quoi	Tu fais quoi ? Tu veux quoi ?	Qu'est-ce que tu fais ? Qu'est-ce que tu veux ?	Que fais-tu ? Que veux-tu ?	何をしていますか？ 何が欲しいのですか？
comment	Tu fais comment ? Vous venez ici comment ? Vous vous appelez comment ?	Comment est-ce que tu fais ? Comment est-ce que vous venez ici ? Comment est-ce que vous vous appelez ?	Comment fais-tu ? Comment venez-vous ici ? Comment vous appelez-vous ?	どうやってやっていますか？ どうやってここに来ますか？ あなたの名前は何ですか？
combien (de)	Il y a combien de livres ?	Combien est-ce qu'il y a de livres ?	Combien y a-t-il de livres ?	本はいくつありますか？
combien	ça coûte combien ?	Combien est-ce que ça coûte ?	Combien cela coûte-t-il ?	おいくらですか？
de quelle couleur	Le livre est de quelle couleur ?		De quelle couleur est le livre ?	本は何色ですか？
à quelle heure	Le train arrive à quelle heure ? Tu pars à quelle heure ?	À quelle heure est-ce que le train arrive ? À quelle heure est-ce que tu pars ?	À quelle heure arrive le train ? À quelle heure pars-tu ?	電車は何時に着きますか？ 何時に出発しますか？
quel / quelle / quels / quelles	Il a quel âge ? Il aime quel style de musique ?	Quel âge est-ce qu'il a ? Quel style de musique est-ce qu'il aime ?	Quel âge a-t-il ? Quel style de musique aime-t-il ?	彼は何歳ですか？ 彼はどんな音楽が好きですか？

PRONONCIATION

258

ALPHABET PHONETIQUE 発音記号

16 voyelles orales 母音（16 音）		
antérieures 前舌（非円唇）	**centrales** 前舌（円唇）	**postérieures** 奥舌（円唇）
[i] y, mi, habite	**[y]** sur, sûr, vu, eu	**[u]** où, ou, coût, loup
[e] et, avez, préféré	**[ø]** veux, deux	**[o]** au, eau, tôt, pot
[ɛ] est, mais, lève, être, appelle	[ə] le, ce	[ɔ] os, bol, tort
[a] à , a, ça, attache	**[œ]** œuf, neuf	[ɑ] bas, âge

4 voyelles nasales 鼻母音
[ɛ̃] vin, impossible, pain, essaim, teindre
[ɑ̃] an, ampoule, encre, empêcher
[œ̃] un, humble, parfum
[ɔ̃] on, ombre, tronc, maison

18 consonnes et 3 semi-voyelles 子音（18 音）と半母音（3 音）	
[p] pipe, cap, appel	**[f]** fou, bof, affaire, photo
[b] bal, bébé, abbé	**[v]** va, cave, avant
[m] ma, âme, ami	**[l]** lit, halle, allé
[t] ta, tête, patte	**[s]** si, casse, cerise, maçon, nation
[d] do, mode, addition	**[z]** zoo, gaz, base, examen
[n] nos, âne, tonne	[ʃ] chat, tache, achat
[ɲ] bagne	[ʒ] jeu, tige, âgé
[k] casse, sac, paquet	[ʁ] rat, car, carré
[g] gaffe, tag, bague	[j] lié, travail, sommeil
[ŋ] camping	[ɥ] huit
	[w] oui

les verbes semi-auxiliaires

これら４つの動詞が使えるようになると、表現の幅がぐっと広がります。がんばって覚えましょう！

OBSERVER

♫ ４つとも不規則動詞ですが、je, tu, il, elle, on の活用形は全て同じ発音です。ただし、aller は je vais, tu vas, il va. elle va, on va となります。

主語	ne		pas	不定詞	時間	つなぎの言葉	
Je 主語	ne	veux 〜したい	pas	partir	demain	et … と	文を続けて みましょう
		peux 〜できる		aller à Paris 場所		alors だから	
		dois 〜しないといけない		faire mes devoirs 直接目的語		mais けど	
		vais 〜しに行く ／ 近接未来		me coucher ！代名動詞は主語に合わせて me / te / se など形が変わるので注意しましょう	tôt	parce que なぜならば	
J'	Je n'	aime					

je と ne の後に母音もしくは無音の h で始まる語が来た場合、必ずエリジオン（母音字を省略すること；ここでは -e）:

~~Je aime danser~~ → J'aime danser / ~~Je ne aime pas danser.~~ → Je n'aime pas danser.

ACTIVITÉ

例にならって、２人組になって練習しましょう

Exemples :

Comment dit-on « 私は明日出発したいです » ? → Je veux partir demain.

Comment dit-on « 私は明日出発しなければならない » ? → Je dois partir demain.

Comment dit-on « 彼は明日パリに行きたいけど行くことができない » → Il voudrait aller à Paris demain, mais il ne peut pas.

LES PRÉNOMS

LES NOMS DE FAMILLE

❶ 下の名前のリストを見て、男子と女子に分けましょう。
Observer la liste de prénoms ci-dessous.
Dire si le prénom est masculin ou féminin.

liste de prénoms 名前のリスト	m	f
Romain	☑	☐
Nicolas	☐	☐
Vincent	☐	☐
Karine	☐	☐
Gregory	☐	☐
Sophie	☐	☐
Stéphanie	☐	☐
Laure	☐	☐
Sébastien	☐	☐
Thomas	☐	☐
Magali	☐	☐
Patrice	☐	☐
Stéphane	☐	☐
Anne	☐	☐
Laurence	☐	☐
Jérôme	☐	☐
Loïc	☐	☐

❷ 次の名字を声に出して読んでみましょう。Lire.

noms les plus portés en France フランスで多い名字
1. Martin
2. Bernard
3. Thomas
4. Dubois
5. Durand
6. Robert
7. Moreau
8. Petit
9. Simon
10. Michel

フランス人に多い名字の中には、下の名前としても使われているものがあります。
名字には身体的、精神的特徴を表すものもあります。
場所や職業と関係のある名字も多いです。
最近人気のある名前は、男子では Nathan, Lucas, Léo, 女子では Emma, Lola, Chloé です。

LES NOMS DE RUE

フランスでは、道には必ず名前がついていて、それはプレートに書いてあります。
下のプレートを読んでみましょう。

En France, les rues ont un nom. Il est écrit sur une plaque. Essayez de lire les plaques ci-dessous.

とても詩的な名前がついている通りもあります。

Quelquefois, les rues portent des noms très poétiques :

À vous ! Imaginez un nom de rue, d'avenue...
あなたの番です！道の名前を考えてみましょう。

② - TARIF -

DES BOISSONS ET DENRÉES LES PLUS COURAMMENT SERVIES

Dénomination des Boissons et Denrées	EUROS	EUROS
Café noir	1,50	1,30*
Bière pression (1/2)	2,80	
Bière bouteille	4,00	
Jus de fruit	3,00	
Soda	3,00	
Eau minérale	3,00	
Apéritif Anisé	3,00	
Plat du jour	11,50	
Sandwich		

③

Les Plats

Entrecote des Capus * 20€00
Faux filet grillé * 14€50 sauce Roquefort
Magret de canard entier * 17€50 et légumes du marché
Saumon grillé à la plancha * 14€80
Moules du Saint Georges * 13€80
Tournedos de Rumsteack * 17€ sauce au poivre
Hamburger Burdigala * 13€50
tartare de Boeuf * 14€80
Poêlé de gambas * 18€50
Morue à la plancha aïoli * 16€00

Les Desserts

Moelleux au chocolat * 6€00
Banana Split Vintage * 6€00
Café gourmand * 6€80
Panna cotta aux fruits Rouges * 6€00
Café du St George * 9€50
Pomme Belle Hélène * 6€80
Profiteroles à la Bordelaise * 6€80
Planche de fromages * 7€20

⑥

A midi ... du lundi au vendredi
Plat du jour 7,20
Entrée + plat + dessert 11,70
Entrée + plat ou plat + dessert 9,70

①
rue
MONTESQUIEU
écrivain et philosophe
1689–1755

②
RUE
COURTE

③
12e Arrt
COUR
SAINT-ÉMILION

④
RUE
DE
L'HÔTEL DE VILLE

⑤

⑥
OPINEL
MARQUE DÉPOSÉE

⑦
400 PAGES 4 000 MODÈLES À LA LOUPE
l'auto-journal
Spécial
Salon
2014
Les prix, les équipements, les options, les fiches techniques
TOUTES LES VOITURES DU MONDE

TOUTOUNET
⑧
...!
1 ENFILEZ LE SAC
2 SAISISSEZ LA DEJECTION
3 RETOURNEZ LE SAC
CORBEILLE
4 JETEZ LE SAC
pour prendre le sac
TIREZ
(sacs non alimentaires)

⑨
Bonne
Fête
Amour

①
PLACE
DU
CAPITOLE
PLAÇA
DEL
CAPITÓLI

②
Piazza
à a Ghjesgia

③
DEPART
DE VISITE
BISITAREN
HASIERA

④
ATTENTION
CHIEN HARGNEUX
VORSICHT
BISSIGER HUND

⑤
ヴェルサイユ宮殿の経営陣ならびに職員一同は、震災に見舞われた日本のお客様に、心からお見舞いを申し上げます。
一同、一日も早い復旧をお祈りいたします。
LA DIRECTION ET LE PERSONNEL DU CHÂTEAU DE VERSAILLES EXPRIMENT LEUR SYMPATHIE AUX VISITEURS JAPONAIS DONT LE PAYS VIENT D'ÊTRE SI DUREMENT ÉPROUVÉ.
ILS LES ASSURENT DE LEURS PENSÉES AMICALES.

⑥
auto jalgitze
SORTIE DE VOITURES

①

②
CHAMBRES
Chez
l'Habitant

③
LA MERE
POULARD

④

⑤
HOTEL
SAINT-MARTIN

⑥

Sous ses voûtes du 16ème siècle
La CAVE du PARADOXE
Vous propose sa sélection
de plus de 350 vins
de Bourgogne et d'ailleurs
parmi les plus grands domaines.
RESTAURANT
dans les caves
VENTE A EMPORTER
Tél. 03.80.22.63.94

VINS FINS _ PH. DELAGRANGE
CAVEAU
de DEGUSTATION
ENTREE LIBRE
VENTE
á EMPORTER
EXPEDITIONS
Domaine Viticole
DELAGRANGE
PROPRIETAIRE
RESTAURANT

ETS MARTIN
Marchand de Vins

POMMARD
CHASSAGNE-MONTRACHET
MEURSAULT
GEVREY-CHAMBERTIN
CORTON
NUITS-SAINT-GEORGES
CHABLIS
CLOS DE VOUGEOT
POUILLY-FUISSE
CHAMBOLLE MUSIGNY
VOSNE ROMANEE
ALOXE CORTON
PULIGNY MONTRACHET
ECHEZEAUX
MONTRACHET
CORTON CHARLEMAGNE
CHARMES CHAMBERTIN
CLOS DE LA ROCHE
BATARD MONTRACHET

SORTIE
VÉHICULES
NE PAS
STATIONNER
MERCI

CÉDEZ LE
PASSAGE

Place Stanislas
P BARRÈS
Préfecture
i OFFICE DE TOURISME
Musée des Beaux Arts
Maison de la
Communication

Toilettes
publiques
0,50 €

LOCAL DISPONIBLE
05 46 90 98 98
atlantique-transactions.fr
A VENDRE
SARL FG Immobilier
océan-immo
www.agenceimmocean.com
05 46 06 16 15
cultural food
cultural

BORDEAUX
AUTRES
DIRECTIONS
ST GEORGES DE D.
MESCHERS

P Louis VÉRY
Départ (Departure)
Porte Marie de Bourgogne
P des Chanceliers
HOTEL DIEU
OFFICE DE TOURISME
Rue PASUMOT

accessoire au féminin
SOLDES
www.accessoireaufeminin.com
-20%
-30%
-40%
-50%

SORTIE

Gironde
(33)
Autres départements
Étranger

ZONE
PIETONNE
Livraisons autorisées
du Lundi au Vendredi
de 0 h à 11 h
et de 20 h à 24 h
le Samedi
de 0 h à 7 h
Les chiens
Doivent être
tenus
en laisse.
Doivent
être tenus
à la main

Horaires d'Eté
fermeture le Lundi
HORAIRES OUVERTURE
LUNDI 14 H - 19 H
MARDI AU SAMEDI
10 H - 12 H 30
14 H - 19 H

Horaires
d'ouverture
Lundi Fermé
Mardi 10h - 13h à 14h -19h
Mercredi 10h - 13h à 14h -19h
Jeudi 10h - 13h à 14h -19h
Vendredi 10h - 13h à 14h -19h
Samedi 10h - 13h à 14h -19h
Dimanche Fermé

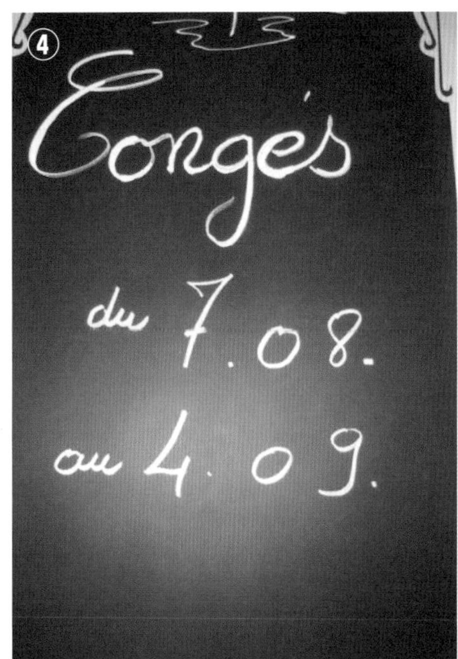
Congés
du 7.08.
au 4.09.

Du lundi au vendredi
de 12h30 à 13h45

1
UNIVERS PHARMACIE

6
Pâtissier
Chocolatier

11
Mutuel
Banque
Assurance

LIBRAIRIE
2

COIFFURE
SALON
7
JUNIOR

12
cinéma

3
La Saintonge
HOTEL ★★

8
BAR - RESTAURANT
LE NEPTUNE
NOS PIZZAS
PRIX A EMPORTER

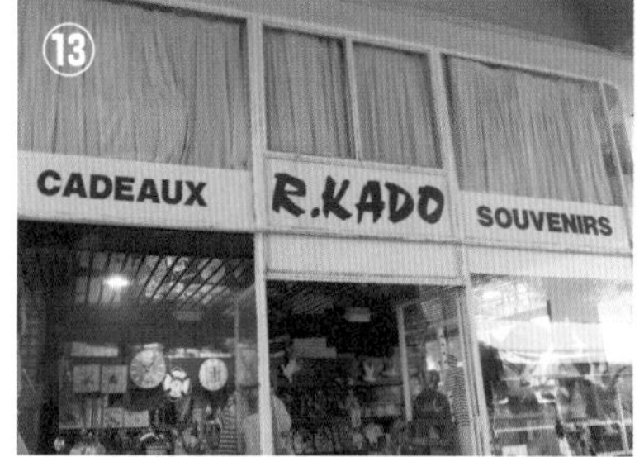
13
CADEAUX
R.KADO
SOUVENIRS

4
agence Pierre

9
Antiquités

Optic 2000
14

5
BOUCHER
Artisan

10
cle@n
STAR PRESSING
C' est aussi :

15
BATEAU

LEXIQUE

完全版の辞書をダウンロードして印刷しましょう
https://www.cadistance.com/mdf/

A

a	「動」	→ avoir
à	「前」	～に、で、へ
académie	「名・女」	アカデミー
accent	「名・男」	アクセント記号
accent aigu	「名・男」	アクサン・テギュ
accent circonflexe	「名・男」	アクサン・シルコンフレクス
accent grave	「名・男」	アクサン・グラーヴ
acceptation	「名・女」	承諾
accord	「名・男」	合意
↳ d'accord		わかった、了解
achat	「名・男」	買い物
acheter	「動」	買う
acteur, trice	「名」	俳優、女優
action	「名・女」	アクション
activité	「名・女」	アクティビティ
adorer	「動」	～が大好きだ
adresse	「名・女」	住所
aéroport	「名・男」	空港
affaire	「名・女」	事柄
affirmation	「名・女」	肯定
Afrique	「名・女」	アフリカ
âge	「名・男」	歳
agressif, ve	「形」	攻撃的な
ai	「動」	→ avoir
aimer	「動」	～が好きだ
↳ j'aimerais		～したい、欲しい
air	「名・男」	空気
alcool	「名・男」	アルコール
algue	「名・女」	海藻
Allemagne	「名・女」	ドイツ
aller	「動」	行く
aller-retour	「名・男」	往復
aller simple	「名・男」	片道
alphabet	「名・男」	アルファベット
Américain, e	「名」	アメリカ人
américain, e	「形」	アメリカの
Amérique	「名・女」	アメリカ
ami, e	「名」	友人、友達
amour	「名・男」	愛
amusant, e	「形」	面白い
amuser (s')	「動」	楽しむ、遊ぶ
an	「名・男」	年
anglais	「名・男」	英語
anglais, e	「形」	イギリスの
Anglais, e	「名」	イギリス人
animal	「名・男」	動物
animal de compagnie	「名・男」	ペット
animation	「名・女」	アニメーション
anniversaire	「名・男」	誕生日
↳ Bon anniversaire !		誕生日おめでとう
août	「名・男」	8月
appartement	「名・男」	アパートメント
appeler (s')	「動」	～という名前です
apporter	「動」	持ってくる
apprendre	「動」	学ぶ
approche	「名・女」	アプローチ
après	「前」	～のあとで
↳ et après		それから
après-midi	「名・男」	午後
arabe	「名・男」	アラビア語
araignée	「名・女」	クモ
arbre	「名・男」	木
Arc de Triomphe	「名・男」	凱旋門
architecture	「名・女」	建築
argent	「名・男」	お金
arôme	「名・男」	香り
arrêter (s')	「動」	止まる、止める
arrêt de bus	「名・男」	バス停
arrivée	「名・女」	到着
arriver	「動」	着く、到着する
arrondissement	「名・男」	区
art	「名・男」	芸術
artiste	「名」	アーティスト
as	「動」	→ avoir
Asie	「名・女」	アジア
athlétisme	「名・男」	陸上競技
attendre	「動」	待つ
attraper	「動」	捕まえる
au	「前」	à+leの縮約→ à
aujourd'hui	「副」	今日
aussi	「副」	同じく、さらに
Australie	「名・女」	オーストラリア
australien, ne	「形」	オーストラリアの
Australien, ne	「名」	オーストラリア人
auteur, e	「名」	著者
automne	「名・男」	秋
autre	「形」	他の
aux	「前」	à+lesの縮約→ à
avant	「前」	前に、までに
avant-hier	「副」	一昨日
avec	「前」	～と一緒に
avenue	「名・女」	大通り
avez	「動」	→ avoir
avion	「名・男」	飛行機
avis	「名・男」	意見、考え
avoir	「動」	持っている、ある
avoir besoin de		～が必要だ
avoir chaud		暑い
avoir envie de		～が欲しい
avoir faim		空腹である
avoir froid		寒い
avoir honte de		～が恥ずかしい
avoir mal à		～が痛い
avoir raison		正しい
avoir soif		喉が渇いている
avoir sommeil		眠い
avoir tort		間違っている
avons	「動」	→ avoir
avril	「名・男」	4月

B

badminton 「名・男」 バドミントン
baguette 「名・女」 バゲット(パン)
balance 「名・女」 天秤
banane 「名・女」 バナナ
banque 「名・女」 銀行
bar 「名・男」 バー
baseball 「名・男」 野球
basketball 「名・男」 バスケットボール
bateau 「名・男」 船
beau, belle 「形」 美しい
 ↳ Il fait beau. 天気がいい
beauté 「名・女」 美、美しさ
beaucoup 「副」 たくさん
beige 「形・名・男」 ベージュ
besoin 「名・男」 必要
beurre 「名・男」 バター
bien 「副」 よく、上手く
bientôt 「副」 まもなく
 ↳ à bientôt また近いうちに
bière 「名・女」 ビール
biologie 「名・女」 生物学
bizarre 「形」 奇妙な
blanc 「名・男」 白
blanc, che 「形」 白い
bleu 「名・男」 青
bleu, e 「形」 青い
boire 「動」 飲む
boisson 「名・女」 飲み物
boîte 「名・女」 箱
bombe 「名・女」 爆弾
bon, ne 「形」 良い、おいしい
 ↳ Il fait bon. 気持ちのよい天気
 ↳ Bonne année ! よい年を
 ↳ Bon anniversaire ! 誕生日おめでとう
 ↳ Bonne journée ! よい1日を
bonbon 「名・男」 キャンディ
bonjour 「名・男」 こんにちは おはよう
bonsoir 「名・男」 こんばんは
bouger 「動」 動く
boulanger, ère 「名」 パン屋さん
boulangerie 「名・女」 パン屋
boxe 「名・女」 ボクシング
Brésil 「名・男」 ブラジル
brésilien, ne 「形」 ブラジルの
Brésilien, ne 「名」 ブラジル人
bulle 「名・女」 泡、吹き出し
burger 「名・男」 バーガー
bus 「名・男」 バス

C

ça 「代」 これ、それ、あれ
cadeau 「名・男」 贈り物
cafard 「名・男」 ゴキブリ
café 「名・男」 コーヒー
café au lait 「名・男」 カフェオレ
cahier 「名・男」 ノート
camembert 「名・男」 カマンベール
camouflage 「名・男」 カモフラージュ
campagne 「名・女」 田舎
Canada 「名・男」 カナダ
canadien, ne 「形」 カナダの
Canadien, ne 「名」 カナダ人
capitaine 「名」 キャプテン
capitale 「名・女」 首都
carotte 「名・女」 ニンジン
cas 「名・男」 場合
ça va 大丈夫
ce / c' 「代」 これ、それ、あれ
ce, cet, cette, ces 「形」 この、その、あの
ceinture 「名・女」 ベルト
célèbre 「形」 有名な
cent 「形」 100
centilitre 「名・男」 センチリットル
centime 「名・男」 サンチーム (100分の1ユーロ)
centre 「名・男」 中心
cercle 「名・男」 円
céréales 「名・女・複」 シリアル
cerise 「名・女」 サクランボ
certainement 「副」 確かに、きっと
chaîne 「名・女」 鎖、チェーン
chaise 「名・女」 椅子
champagne 「名・男」 シャンパン
chance 「名・女」 運
change 「名・男」 両替
changer 「動」 変わる、変える
chanson 「名・女」 歌
chanter 「動」 歌う
chanteur, se 「名」 歌手
chapeau 「名・男」 帽子
chaque 「形」 それぞれの
charisme 「名・男」 カリスマ
chat 「名・男」 猫
château 「名・男」 城
chaud, e 「形」 暑い
chaussure 「名・女」 靴
chef, fe 「名」 シェフ
chemin 「名・男」 道、通り道
chemise 「名・女」 シャツ
cher, ère 「形」 値段が高い
chercher 「動」 探す
cheval 「名・男」 馬
chez 「前」 の家で、の家に
chien 「名・男」 犬
chiffre 「名・男」 数字
Chine 「名・女」 中国
chinois 「名・男」 中国語
chinois, e 「形」 中国の
Chinois, e 「名」 中国人
chocolat 「名・男」 チョコレート
chocolat chaud 「名・男」 ホットチョコレート
chose 「名・女」 もの
chou à la crème 「名・男」 シュークリーム
ci-dessous 「副句」 以下に
cidre 「名・男」 シードル
cinéaste 「名」 映画監督
cinéma 「名・男」 映画、映画館
cinq 「形・名・男」 5
cinquante 「形・名・男」 50
citron 「名・男」 レモン

classe 「名・女」 クラス、教室
classé, e 「形」 分類された 格付けされた
classique 「形」 クラシック
clé 「名・女」 鍵
client, e 「名」 客
cocher 「動」 チェックする 印を付ける
cochon 「名・男」 豚
cœur 「名・男」 心、心臓
combien 「副」 いくら どれだけの、どのくらい
commande 「名・女」 注文
commencer 「動」 始める、始まる
comment 「副」 どのように
commenter 「動」 コメントする
compléter 「動」 完成する 完成させる
compositeur, trice 「名」 作曲家
comprendre 「動」 理解する
compris 「動」 comprendreの過去分詞
concert 「名・男」 コンサート
concombre 「名・男」 キュウリ
confiture 「名・女」 ジャム
conjugaison 「名・女」 活用
connaître 「動」 知っている
consommation 「名・女」 消費
continent 「名・男」 大陸
continuer 「動」 続ける
cookie 「名・男」 クッキー
corbeau 「名・男」 カラス
Corée 「名・女」 韓国
coréen 「名・男」 韓国語
coréen, ne 「形」 韓国の
Coréen, ne 「名」 韓国人
correspondant, e 「名」 文通相手
cosmétique 「名・男」 化粧品
côté 「名・男」 横
↳ à côté de 「前」 ～の隣に、近く
coucher (se) 「動」 寝る、横になる
couleur 「名・女」 色
couple 「名・男」 カップル

coupon 「名・男」 クーポン
courant, e 「形」 日常の
courir 「動」 走る
cours 「名・男」 授業
courses 「名・女・複」 買い物
couteau 「名・男」 ナイフ、包丁
coûter 「動」 費用がかかる
couture 「名・女」 裁縫
cravate 「名・女」 ネクタイ
créateur, trice 「名」 クリエイター
création 「名・女」 創造
crème 「名・女」 クリーム
crêpe 「名・女」 クレープ
croissant 「名・男」 クロワッサン
crosse 「名・女」 ラクロス
cru, e 「形」 生の
cuisine 「名・女」 料理
cuisinier, ère 「名」 料理人
culte 「形」 カルトの
↳ un film culte カルト映画
culture 「名・女」 文化

D

d' → de
dangereux, se 「形」 危険な
dans 「前」 ～の中に
danse 「名・女」 ダンス
danser 「動」 踊る
danseur, se 「名」 ダンサー
date 「名・女」 日付
de / d' 「前」 ～の、の入った ～から、について
de ... à 「前」 ～から～まで
de l' 「冠」 いくらかの
décembre 「名・男」 12月
décrire 「動」 描写する
défaut 「名・男」 欠陥、欠点
degré 「名・男」 度
déjeuner 「名・男」 昼食
「動」 昼食をとる

demi, e 「形」 半分の
départ 「名・男」 出発
dernier, ère 「形」 この前の 最後の
derrière 「前」 ～の後ろに
des 「冠」 ある、何人かの
「冠」 いくつかの
「前」 de + lesの縮約→ de
descendre 「動」 降りる
désolé, e 「形」 すまなく思った すみません
dessert 「名・男」 デザート
dessin 「名・男」 絵、デッサン
détester 「動」 ～が大嫌いだ
deux 「形・名・男」 2
deuxième 「形」 2番目の
devant 「前」 ～の前に
deviner 「動」 推測する
devoir 「動」 ～ねばならない
dictionnaire 「名・男」 辞書
difficile 「形」 難しい
dimanche 「名・男」 日曜日
dîner 「名・男」 夕食
「動」 夕食をとる
dire 「動」 言う
directeur, trice 「名」 組織の長
disque 「名・男」 ディスク
dix 「形・名・男」 10
dix-huit 「形・名・男」 18
dix-neuf 「形・名・男」 19
dix-sept 「形・名・男」 17
docteur, e 「名」 医者
document 「名・男」 文書
donner 「動」 与える
dormir 「動」 寝る
douche 「名・女」 シャワー
douze 「形・名・男」 12
drama 「名・男」 ドラマ
drapeau 「名・男」 旗

droit 「副」 真っ直ぐに
droite 「名・女」 右
↳ à droite de 「前」 ～の右に
du 「前」 de + leの縮約→de
「冠」 いくらかの
dû 「動」 devoirの過去分詞
dynamique 「形」 ダイナミックな

E

eau 「名・女」 水
échouer 「動」 失敗する
éclair au café 「名・男」 コーヒーエクレア
écouter 「動」 聞く、聴く
écrire 「動」 書く
écrire (s') 「動」 書ける
élève 「名」 生徒
elle 「代」 彼女、それ
elles 「代」 彼女ら、それら
employé, e 「名」 会社員
en 「代」 de+名詞等に代わる
「前」 ～に、～で
enchanté, e 「形」 はじめまして
encore 「副」 また、再び
enfant 「名・男」 子ども
enfin 「副」 最後に、ついに
ensemble 「副」 一緒に
ensuite 「副」 それから
entrée 「名・女」 入り口
enveloppe 「名・女」 封筒
envie 「名・女」 欲求
↳ avoir envie de ～が欲しい
environ 「副」 およそ、約
erreur 「名・女」 誤り
es 「動」 → être
escargot 「名・男」 かたつむり
esclave 「名」 奴隷
espace 「名・男」 空間、スペース
Espagne 「名・女」 スペイン
espagnol 「名・男」 スペイン語
espagnol, e 「形」 スペインの
essai 「名・男」 エッセイ
est 「動」 → être
est 「名・男」 東
est-ce que / qu' ～ですか
esthétique 「名・女」 美学
et 「接」 と、そして
↳ Et toi ? 君は？
↳ Et vous ? あなた / あなた達は？
États-Unis 「名・男・複」 アメリカ
été 「名・男」 夏
「動」 êtreの過去分詞
êtes 「動」 → être
être 「動」 ～です
études 「名・女・複」 勉強
étudiant, e 「名」 学生
étudier 「動」 勉強する
euro 「名・男」 ユーロ
Europe 「名・女」 ヨーロッパ
européen, ne 「形」 ヨーロッパの
eux 「代」 彼ら（3人称複数・強勢形）
excuse 「名・女」 言い訳
exemple 「名・男」 例
exercice 「名・男」 練習
expliquer 「動」 説明する
exposition 「名・女」 展覧会、博覧会

F

face 「名・女」 顔、面
facile 「形」 簡単
faim 「名・女」 空腹
faire 「動」 する、作る
fais / fait / faites 「動」 → faire
famille 「名・女」 家族
farine 「名・女」 小麦粉
fatigant, e 「形」 疲れる
fatigué, e 「形」 疲れた
faut 「動」 → falloir
↳ il faut ～が必要
faux, sse 「形」 虚偽の、間違った
féminin 「名・男」 女性形
féminin, e 「形」 女性の
femme 「名・女」 女性
femme d'affaires 「名・女」 ビジネスウーマン
femme politique 「名・女」 女性政治家
ferraille 「名・女」 くず鉄
festival 「名・男」 フェスティバル
fête 「名・女」 祝祭日、祝祭パーティー
feu 「名・男」 火
↳ le feu d'artifice 花火
février 「名・男」 2月
fin 「名・女」 終わり
finale 「名・女」 ファイナル
finance 「名・女」 金融
finir 「動」 終わる、終える
fleur 「名・女」 花
fois 「名・女」 回
↳ combien de fois 何回
↳ encore une fois もう一回
fondue 「名・女」 フォンデュ
font 「動」 → faire
football 「名・男」 サッカー
footballeur, se 「名」 サッカー選手
fraise 「名・女」 イチゴ
français, e 「形」 フランスの
français 「名・男」 フランス語
Français, e 「名」 フランス人
France 「名・女」 フランス
frère 「名・男」 兄、弟
froid 「名・男」 寒さ
↳ Il fait froid. 寒いです
froid, e 「形」 寒い
fromage 「名・男」 チーズ
fromage blanc 「名・男」 フロマージュブラン（クリーム状の白いチーズ）

garçon 「名・男」 男の子
gare 「名・女」 駅

gâteau	「名・男」	菓子、ケーキ
gauche	「名・女」	左
↳ à gauche de	「前」	〜の左に
général, e	「形」	一般の
↳ en général	「副」	一般的に
genre de	「名・男」	〜のジャンル
gens	「名・男・複」	人々
gentil, le	「形」	親切な
géographie	「名・女」	地理
germanique	「形」	ゲルマンの
golf	「名・男」	ゴルフ
gomme	「名・女」	消しゴム
goûts	「名・男・複」	好み
gramme	「名・男」	グラム
grand-mère	「名・女」	祖母
grand-père	「名・男」	祖父
grands-parents	「名・男・複」	祖父母
grec	「名・男」	ギリシャ語
grenouille	「名・女」	カエル
gris	「名・男」	灰色
gris, e	「形」	灰色の
gros, se	「形」	太い、大きい
groupe	「名・男」	グループ
guitare	「名・女」	ギター

H

habitant	「名・男」	住民
habiter	「動」	住む
handball	「名・男」	ハンドボール
haut, e	「形」	高い
héros	「名・男」	ヒーロー
heure	「名・女」	時間
hier	「副」	昨日
histoire	「名・女」	歴史
hiver	「名・男」	冬
homme	「名・男」	男性、男の人
homme d'affaires	「名・男」	ビジネスマン
honte	「名・女」	恥、恥ずかしさ
hôpital	「名・男」	病院
horizon	「名・男」	地平線
hôtel	「名・男」	ホテル
huile	「名・女」	油
huit	「形・名・男」	8

I

ici	「副」	ここ
idée	「名・女」	アイデア
il	「代」	彼は、それは
illumination	「名・女」	イルミネーション
ils	「代」	彼らは、それらは
il y a	「動詞句」	〜があります
	「前句」	（今から）…前に
image	「名・女」	絵、イラスト
imagination	「名・女」	想像力
impossible	「形」	不可能な
Inde	「名・女」	インド
indien, e	「形」	インドの
Indien, e	「名・男」	インド人
infirmier, ère	「名」	看護師
information	「名・女」	情報
ingénieur, e	「名」	エンジニア
ingrédient	「名・男」	材料
insecte	「名・男」	昆虫
instrument	「名・男」	道具、楽器
intelligent, e	「形」	頭がいい
intéressant, e	「形」	興味深い 面白い
Iran	「名・男」	イラン
Italie	「名・女」	イタリア
italien	「名・男」	イタリア語
Italien, ne	「名」	イタリア人
italien, ne	「形」	イタリアの

J

j' / je	「代」	私は
jamais	「副」	決して〜ない
jambon	「名・男」	ハム
janvier	「名・男」	1月
Japon	「名・男」	日本
japonais, e	「形」	日本の
japonais	「名・男」	日本語
Japonais, e	「名」	日本人
jardin	「名・男」	庭、庭園
jaune	「形・名・男」	黄色い、黄色
jazz	「名・男」	ジャズ
je / j'	「代」	私は
jeu	「名・男」	ゲーム
jeu en ligne	「名・男」	オンラインゲーム
jeu vidéo	「名・男」	テレビゲーム
jeudi	「名・男」	木曜日
jeune	「形」	若い
joli, e	「形」	きれいな
joueur, se	「名」	選手
jour	「名・男」	日
journal	「名・男」	新聞
journaliste	「名」	ジャーナリスト
journée	「名・女」	日中、昼間
judo	「名・男」	柔道
juillet	「名・男」	7月
juin	「名・男」	6月
jupe	「名・女」	スカート
jus	「名・男」	ジュース

K

karaté	「名・男」	空手
kilo	「名・男」	キログラム
kilomètre	「名・男」	キロメートル
kiwi	「名・男」	キウイ
koala	「名・男」	コアラ

L

la / l'	「冠」	その
laisser	「動」	置いておく
lait	「名・男」	牛乳
lampe	「名・女」	ランプ
langue	「名・女」	言語
lapin	「名・男」	ウサギ
latin	「名・男」	ラテン

laver 「動」 洗う
laver (se) 「動」 自分の体を洗う
le / l' 「冠」 その
leçon 「名・女」 レッスン
lent, e 「形」 遅い
les 「冠」 その
leur 「形」 彼(女)らの
leurs 「形」 彼(女)らの
lieu 「名・男」 場所
lion 「名・男」 ライオン
lire 「動」 読む
読書をする
liste 「名・女」 リスト
lit 「名・男」 ベッド
「動」 → lire
litre 「名・男」 リットル
littérature 「名・女」 文学
livre 「名・男」 本
loin 「副」 遠くに
先の方まで
long, ue 「形」 長い
lui 「代」 彼
（3人称単数男強勢形）
↳lui aussi 彼も
lundi 「名・男」 月曜日
lune 「名・女」 月
lunettes 「名・女・複」メガネ

M

ma→ mon, mes 「形」 私の
macaron 「名・男」 マカロン
madame 「名・女」 ～さん
madeleine 「名・女」 マドレーヌ
mademoiselle 「名・女」 ～さん　若い女性
magasin 「名・男」 店、商店
magazine 「名・男」 雑誌
mai 「名・男」 5月
mais 「接」 しかし、でも
maison 「名・女」 家
maintenance 「名・女」 メンテナンス
mal 「名・男」 悪
↳ avoir mal à ～が痛い

manger 「動」 食べる
marché 「名・男」 市場
marcher 「動」 歩く
mardi 「名・男」 火曜日
Maroc 「名・男」 モロッコ
marron 「名・男」 栗、茶色
marron glacé 「名・男」 マロングラッセ
mars 「名・男」 3月
marque 「名・女」 ブランド、商標
masculin 「名・男」 男性形
masculin, e 「形」 男性の
mathématiques 「名・女・複」数学
matin 「名・男」 朝
mauvais, e 「形」 悪い
mayonnaise 「名・女」 マヨネーズ
maximum 「名・男」 最大
médecin 「名」 医者
melon 「名・男」 メロン
même 「形」 同じ
mémoriser 「動」 覚える
ménage 「名・男」 掃除、家事
menu 「名・男」 メニュー
mer 「名・女」 海
merci 「名・男」 ありがとう
mercredi 「名・男」 水曜日
mère 「名・女」 母
mes→ mon, ma 「形」 私の
message 「名・男」 メッセージ
métro 「名・男」 地下鉄
micro 「名・男」 マイク
midi 「名・男」 正午
mignon, ne 「形」 かわいい
mille 「形・名・男」1000
millefeuille 「名・男」 ミルフィーユ
millilitre 「名・男」 ミリリットル
million 「名・男」 100万
minéral, e 「形」 鉱物の
↳ eau minérale ミネラルウォーター
mini 「形・副」 ミニ
minuit 「名・男」 真夜中
minute 「名・女」 分

mode 「名・女」 流行
ファッション
modèle 「名・男」 モデル
moi 「代」 私（1人称単数・強勢形）
↳moi aussi 私も
moins 「副」 より少なく
「前」 ～を引いた
「前」 ～分前
mois 「名・男」 月
↳ par mois 月に
moment 「名・男」 瞬間
mon→ ma, mes 「形」 私の
monde 「名・男」 世界
↳ tout le monde 全員、皆
mondial, e 「形」 世界の
monsieur 「名・男」 ～さん
montagne 「名・女」 山
monter 「動」 乗る、登る
monument 「名・男」 大建造物
mort, e 「形」 死んだ
「動」 mourirの過去分詞
mot 「名・男」 単語
motocross 「名・男」 モトクロス
mouchoir 「名・男」 ハンカチ
mourir 「動」 死ぬ
mousse au chocolat 「名・女」
チョコレートムース
moyenne 「名・女」 平均
↳ en moyenne 平均して
muguet 「名・男」 スズラン
muscu 「名・女」 筋肉トレーニング
↳ musculationの略
musée 「名・男」 美術館
musicien, ne 「名」 音楽家
musique 「名・女」 音楽

N

naître 「動」 生まれる
natation 「名・女」 水泳
nation 「名・女」 国、国家
national, e 「形」 国立の
nationalité 「名・女」 国籍
nature 「名・女」 自然

naturel, le 「形」 自然の
né 「動」 naîtreの過去分詞
ne / n'... pas 「副」 ～ない
neige 「名・女」 雪
neiger 「動」 雪が降る
↳ Il neige. 雪が降っている
neuf 「形・名・男」9
Noël 「形・名・男」クリスマス
noir 「名・男」 黒
noir, e 「形」 黒い
nom 「名・男」 名前、名詞
non 「副」 いいえ
nord 「名・男」 北
normal, e 「形」 普通の
nos 「形」 私たちの
notre 「形」 私たちの
nous 「代」 私たち
novembre 「名・男」 11月
nuage 「名・男」 雲
↳ Il y a des nuages. 曇っている
nuit 「名・女」 夜、夜間
numéro 「名・男」 番号

O

objet 「名・男」 物
obligatoire 「形」 義務づけられた 義務的な
occupation 「名・女」 活動
occuper (s') de 「動」 ～の世話をする
Océanie 「名・女」 オセアニア
octobre 「名・男」 10月
œuf 「名・男」 卵
officiel, le 「形」 正式な、公的な
offrir 「動」 贈る
oiseau 「名・男」 鳥
olive 「名・女」 オリーブ
on 「代」 人は，人々は 私たちは
oncle 「名・男」 おじ
ont 「動」 → avoir
onze 「形・名・男」11
opéra 「名・男」 オペラ
opération 「名・女」 オペレーション
orange 「形・名・男」オレンジ色
orange 「名・女」 オレンジ
orchestre 「名・男」 オーケストラ
oreille 「名・女」 耳
origine 「名・女」 起源
ou 「接」 または
où 「副」 どこ
oublier 「動」 忘れる
ouest 「名・男」 西
oui 「副」 はい
oursin 「名・男」 ウニ
ouvrir 「動」 開ける、開く

paella 「名・女」 パエリア
page 「名・女」 ページ
pain 「名・男」 パン
panda 「名・男」 パンダ
panorama 「名・男」 パノラマ
pantalon 「名・男」 ズボン
Panthéon 「名・男」 パンテオン
papa 「名・男」 お父さん、パパ
Pâques 「名・女・複」イースター
par 「前」 ～につき
↳ par an 1年に
↳ par jour 1日に
↳ par mois 1ヶ月に
↳ par semaine 1週間に
parade 「名・女」 パレード
parc 「名・男」 公園
parce que 「接」 なぜなら
pardon 「名・男」 許し
↳ Pardon ! すみません
parents 「名・男・複」両親
paresseux, se 「形」 怠け者の、怠惰な
parfois 「副」 時には
parler 「動」 話す
paroles 「名・女・複」歌詞
partir 「動」 出発する
↳ à partir de 「前」 ～から
passeport 「名・男」 パスポート
passer 「動」 通過する、渡す
passion 「名・女」 情熱
pâtes 「名・女・複」パスタ
patinage artistique 「名・男」 フィギュアスケート
pâtissier, ère 「名」 お菓子職人
patrimoine 「名・男」 遺産
pays 「名・男」 国
pêche 「名・女」 モモ
Pékin 「地名」 北京
penser 「動」 考える，思う
père 「名・男」 父
personne 「名・女」 人
personnel, le 「形」 個人の、私的な
petit, e 「形」 小さい
petit-déjeuner 「名・男」 朝食
peu 「副」 少し、ちょっと
peur 「名・女」 恐怖
pharmacie 「名・女」 薬局
philosophie 「名・女」 哲学
phobie 「名・女」 恐れ
photo 「名・女」 写真
photographier 「動」a 写真を撮る
piano 「名・男」 ピアノ
pied 「名・男」 足
↳ à pied 歩いて
pique-nique 「名・男」 ピクニック
pizza 「名・女」 ピザ
place 「名・女」 広場
plaire 「動」 喜ばれる ～の気に入る
↳ s'il vous plaît お願いします
plaît 「動」 → plaire
plante 「名・女」 植物
plante verte 「名・女」 観葉植物
plat 「名・男」 料理、皿
plat, e 「形」 平らな
pleut 「動」 → pleuvoir
↳ Il pleut. 雨が降っている

pleuvoir 「動」 雨が降る
plus 「副」 より多く
～を加えて
plusieurs 「形・複」 いくつもの
何人もの
poème 「名・男」 詩
poète, sse 「名」 詩人
point 「名・男」 点、ポイント
poisson 「名・男」 魚
politique 「名・女」 政治
pomme 「名・女」 リンゴ
pomme de terre 「名・女」 ジャガイモ
pop 「名・女」 ポップ・ミュージック
populaire 「形」 人気のある
portable 「名・男」 携帯電話
portefeuille 「名・男」 財布、札入れ
porter 「動」 着る、持つ
portugais 「名・男」 ポルトガル語
portugais, e 「形」 ポルトガルの
Portugal 「名・男」 ポルトガル
possible 「形」 可能な
poste 「名・女」 郵便局
pour 「前」 ～のために
pourboire 「名・男」 チップ
pourquoi 「副」 なぜ
pouvoir 「動」 ～できる
pratique 「形」 便利な
préférer 「動」 ～の方を好む
premier, ère 「形」 1番目の、一日
première classe 「名・女」 一等
Premier, ère ministre 「名」
総理大臣、首相
prendre 「動」 取る、食べる
飲む、乗る
prénom 「名・男」 名前
préparer 「動」 準備する
présenter 「動」 紹介する
président, e 「名」 大統領
presque 「副」 ほぼ、ほとんど
printemps 「名・男」 春
pris 「動」 prendreの過去分詞
prison 「名・女」 刑務所
prix 「名・男」 価格、賞
problème 「名・男」 問題
professeur, e 「名」 教師、先生
profession 「名・女」 職業
profile 「名・男」 プロフィール
programme 「名・男」 プログラム
promenade 「名・女」 散歩
prononcer 「動」 発音する

Q

qualité 「名・女」 質
quand 「副」 いつ、～の時
quarante 「形・名・男」 40
quart 「名・男」 15分
quatorze 「形・名・男」 14
quatre 「形・名・男」 4
quatrième 「形」 4番目の
que / qu' 「代」 何
quel, le 「形」 何
question 「名・女」 質問
qui 「代」 誰
quiche 「名・女」 キッシュ
quinze 「形・名・男」 15
quoi 「代」 何

R

raconter 「動」 語る、物語る
radio 「名・女」 ラジオ
raisin 「名・男」 ブドウ
raison 「名・女」 理由
↳ avoir raison 正しい
rap 「名・男」 ラップ
recette 「名・女」 レシピ
réduction 「名・女」 割引
refrain 「名・男」 リフレイン
refus 「名・男」 拒絶
regarder 「動」 見る
région 「名・女」 地方
relation 「名・女」 関係
rencontrer 「動」 ～に会う
rendez-vous 「名・男」 約束
repartir 「動」 再び出発する
répéter 「動」 繰り返す
répondre 「動」 答える
réponse 「名・女」 答え、返事
reposer (se) 「動」 休憩する
reprendre 「動」 再開する
république 「名・女」 共和国
résistant, e 「名」 抵抗する人
restaurant 「名・男」 レストラン
rester 「動」 留まる
滞在する
retraité, e 「名」 定年退職者
réunion 「名・女」 会議
réussir 「動」 成功する
rêver 「動」 夢をみる
réveiller (se) 「動」 目を覚ます
revoir 「動」 もう一回見る
↳ au revoir 「前」 さようなら
révolution 「名・女」 革命
risque 「名・男」 リスク、危険
riz 「名・男」 米
robe 「名・女」 ドレス
roman 「名・男」 小説
Rome 「地名」 ローマ
rose 「形・名・男」
ピンク色の、ピンク
rouge 「形・名・男」 赤い、赤
rouler 「動」 （車が）走る
Royaume-Uni 「名・男」 イギリス
rue 「名・女」 通り
rugby 「名・男」 ラグビー
russe 「名・男」 ロシア語

S

sa→ son, ses 「形」 彼の、彼女の
それの

sac 「名・男」 カバン
salade 「名・女」 サラダ
samedi 「名・男」 土曜日
sandwich 「名・男」 サンドイッチ
sang 「名・男」 血
sauce 「名・女」 ソース
savoir 「動」 知っている
savon 「名・男」 石鹸
second, e 「形」 第2の、2番目の
↳ seconde classe「名・女」二等
science 「名・女」 科学
scientifique 「形」 科学的な
sécurité 「名・女」 安全
seize 「形・名・男」16
sel 「名・男」 塩
selon 「前」 ～によると
semaine 「名・女」 週、週間
↳ cette semaine 今週
↳ la semaine prochaine 来週
↳ la semaine dernière 先週
séminaire 「名・男」 セミナー
Sénégal 「名・男」 セネガル
sens 「名・男」 意味、感覚
Séoul 「地名」 ソウル
sept 「形・名・男」7
septembre 「名・男」 9月
sera 「動」 être の単純未来形
↳ Ce sera tout ? これで全部ですか？
sérieux, se 「形」 真面目な
serpent 「名・男」 ヘビ
serveur, se 「名」 ウエイター
service 「名・男」 食事の世話
サービス
ses→ son, sa 「形」 彼の、彼女の
それの
seulement 「副」 ～だけ
si 「副」 いいえ…です
（否定疑問に対して答えの内容が肯定のとき）
「接」 もし…なら
signal 「名・男」 信号、シグナル
signature 「名・女」 署名
simple 「形」 単純な、簡単な
situer 「動」 場所を定める
six 「形・名・男」6

ski 「名・男」 スキー
smartphone 「名・男」 スマートフォン
sociologie 「名・女」 社会学
sœur 「名・女」 姉、妹
softball 「名・男」 ソフトボール
soif 「名・女」 （喉の）渇き
soir 「名・男」 夕方、夜
soixante 「形・名・男」60
sommeil 「名・男」 睡眠
sommes 「動」 → être
son→ sa, ses 「形」 彼の、彼女の
それの
sont 「動」 → être
sortir 「動」 出かける、出る
soupe 「名・女」 スープ
souvent 「副」 しょっちゅう
spaghettis 「名・男・複」スパゲッティー
sport 「名・男」 スポーツ
sportif, ve 「形」 スポーツ好きな
スポーツの
stade 「名・男」 スタジアム
style 「名・男」 様式、スタイル
stylo 「名・男」 ペン
sucre 「名・男」 砂糖
sud 「名・男」 南
Suédois, e 「名・男」 スウェーデン人
suis 「動」 → être
suisse 「形・名」 スイスの
スイス人
superbe 「形」 素晴らしい
すごい
sur 「前」 ～の上に
surnom 「名・男」 ニックネーム
surprendre 「動」 驚かせる
sushi 「名・男」 寿司
sympa 「形」 感じのいい
système 「名・男」 システム

T

ta→ ton, tes 「形」 君の
table 「名・女」 テーブル
tableau 「名・男」 絵画、掲示板
黒板
talent 「名・男」 才能
tante 「名・女」 おば
tard 「副」 遅く
tarte 「名・女」 タルト
taxi 「名・男」 タクシー
technique 「名・女」 技術
téléphoner 「動」 電話する
télé(vision) 「名・女」 テレビ
température 「名・女」 温度
temps 「名・男」 時間、天気
tenez 「動」 どうぞ
tennis 「名・男」 テニス
tennis de table 「名・男」 卓球
Terre 「名・女」 地球
tes→ ton, ta 「形」 君の
thé 「名・男」 お茶
théâtre 「名・男」 演劇、劇場
thème 「名・男」 テーマ
théorie 「名・女」 理論
thérapie 「名・女」 療法
ticket de métro 「名・男」 地下鉄の切符
timide 「形」 内気な
titre 「名・男」 タイトル
toi 「代」 君
（２人称単数・強勢形）
↳toi aussi 君も
toilettes 「名・女・複」トイレ
tomate 「名・女」 トマト
ton→ ta, tes 「形」 君の
tort 「名・男」 間違い、誤り
↳ avoir tort 間違っている
tôt 「副」 早く
total 「名・男」 総計，合計
↳ au total 全部で
toujours 「副」 いつも
tour 「名・女」 塔，タワー

tour 「名・男」 一周、ツアー
tous 「形」 すべての
↳ tous les jours 毎日
tout, es 「副・代・形」全部、すべて
↳ C'est tout. これで全部です
↳ Tout le monde. みんなで
tradition 「名・女」 伝統、慣習
train 「名・男」 電車
travail 「名・男」 仕事
travailler 「動」 働く、勉強する
treize 「形・名・男」13
tréma 「名・男」 トレマ
tremper 「動」 浸す
trente 「形・名・男」30
très 「副」 とても
trois 「形・名・男」3
troisième 「形」 3番目の
trousse 「名・女」 筆箱
T-shirt 「名・男」 Tシャツ
tu 「代」 君は
Turquie 「名・女」 トルコ

U

un, e 「冠・形」 ある、1つの
1人の
uniforme 「名・男」 制服
université 「名・女」 大学
univers 「名・男」 宇宙
utiliser 「動」 使う、利用する

V

va 「動」 → aller
vaccin 「名・男」 ワクチン
vais 「動」 → aller
Val de Loire 「地名・男」ロワール渓谷
Vancouver 「地名」 バンクーバー
variation 「名・女」 変動
バリエーション
vas 「動」 → aller
vélo 「名・男」 自転車
vendre 「動」 売る
vendredi 「名・男」 金曜日
verre 「名・男」 グラス、ガラス
veste 「名・女」 ジャケット
voiture 「名・女」 車
volleyball 「名・男」 バレーボール
vent 「名・男」 風
verbe 「名・男」 動詞
vérifier 「動」 確認する
vers 「前」 〜頃
vert 「名・男」 緑
vert, e 「形」 緑色の
viande 「名・女」 肉
vidéo 「名・女」 ビデオ
vie 「名・女」 人生、生活
ville 「名・女」 都市、街、町
vin 「名・男」 ワイン
vingt 「形・名・男」20
violent, e 「形」 暴力的な
violet 「名・男」 紫色
violet, te 「形」 紫色の
violon 「名・男」 ヴァイオリン
visiter 「動」 見学する
訪れる
vite 「副」 早く、速く
急いで
vivant, e 「形」 生きている
vocabulaire 「名・男」 語彙
voilà 「副」 はい、どうぞ
voir 「動」 見る、会う
voisin, e 「名」 隣の人
voiture 「名・女」 自動車
volley-ball 「名・男」 バレーボール
vont 「動」 → aller
vos→votre 「形」 君たちの
あなた（達）の
voter 「動」 投票する
votre→vos 「形」 君たちの
あなた（達）の
vouloir 「動」 欲しい
〜がしたい
↳ je voudrais 〜が欲しい
vous 「代」 あなた、あなた達
君たちは
voyage 「名・男」 旅行
voyager 「動」 旅行する
vrai, e 「形」 本当の、真実
vu 「動」 見た、会った
voirの過去分詞

W X Y Z

week-end 「名・男」 週末
wi-fi 「名・男」 wi-fi
xylophone 「名・男」 木琴、シロフォン
y 「代」 中性代名詞
à＋名詞を置き換える
yaourt 「名・男」 ヨーグルト
yoga 「名・男」 ヨガ
youtubeur, se 「名」 ユーチューバー
zoo 「名・男」 動物園

イラスト：Vincent Durrenberger
表紙デザイン：佐々木　義洋

写真（p.31）出典一覧

Jeanne d'arc
https://commons.wikimedia.org/wiki/File:Charles-Henri_Michel_Jeanne_d%27Arc_Blois.jpeg?uselang=fr#Conditions%20d%E2%80%99utilisation
Par Charles-Henri Michel (1817-1905) — http://archives.blois.fr/article.php?laref=464&titre=1429, Domaine public, https://commons.wikimedia.org/w/index.php?curid=67314882

Marie Curie
https://commons.wikimedia.org/wiki/File:Marie_Curie_c1920.jpg?uselang=fr
Par Henri Manuel — Christie's, Domaine public, https://commons.wikimedia.org/w/index.php?curid=32735756

Veuve Clicquot
https://fr.wikipedia.org/wiki/Barbe-Nicole_Clicquot-Ponsardin_Veuve_Clicquot#/media/Fichier:Veuve_clicquot.jpg
Par Léon Cogniet — Source inconnue, Domaine public, https://commons.wikimedia.org/w/index.php?curid=1723519

Coco Chanel
https://fr.wikipedia.org/wiki/Coco_Chanel#/media/Fichier:Chanel_hat_from_Les_Modes_1912.jpg
Par Talbot (photographer) & Gabrielle Chanel (designer) — Originally published in Les Modes no. 137 (page 8), Domaine public, https://commons.wikimedia.org/w/index.php?curid=6222145

Simone Veil
https://fr.wikipedia.org/wiki/Simone_Veil#/media/Fichier:Simone_Veil_(1984).jpg
Par Rob Croes pour Anefo — Nationaal Archief, CC0, https://commons.wikimedia.org/w/index.php?curid=40703882

Edith Piaf
https://fr.wikipedia.org/wiki/%C3%89dith_Piaf#/media/Fichier:Piaf_Harcourt_1939.jpg
Par Studio Harcourt — RMN, Domaine public, https://commons.wikimedia.org/w/index.php?curid=76188529

Sarah Bernhardt
https://fr.wikipedia.org/wiki/Sarah_Bernhardt#/media/Fichier:SarahBernhardt1880.jpg
Par Napoleon Sarony — Britannica Online Encyclopedia (Library of Congress, Washington, D.C.), Domaine public, https://commons.wikimedia.org/w/index.php?curid=4975973

Francoise Sagan
https://fr.wikipedia.org/wiki/Fran%C3%A7oise_Sagan#/media/Fichier:Sagan-Venise-1962-colorise.png
Par Auteur inconnu — gettyimages.it, Domaine public, https://commons.wikimedia.org/w/index.php?curid=132014394

Josephine Baker
https://fr.wikipedia.org/wiki/Jos%C3%A9phine_Baker#/media/Fichier:Baker_Harcourt_1940_2.jpg
Par Studio Harcourt — RMN, Domaine public, https://commons.wikimedia.org/w/index.php?curid=76195495

フランス語の方法
—コミュニケーションと文法の基礎—（三訂版）

Vincent Durrenberger 著

山根　祐佳
高邑　香子　協力

2024. 3. 1 三訂版 1 刷発行

発行者　上野　名保子

発行所　〒 101-0062 東京都千代田区神田駿河台 3 の 7
電話　03(3291)1676 FAX 03(3291)1675
株式会社 駿河台出版社

製版・印刷・製本　㈱フォレスト

ISBN978-4-411-01146-6　C1085

http://www.e-surugadai.com

動詞活用表

◇活用表中，現在分詞と過去分詞はイタリック体，
また書体の違う活用は，とくに注意すること．

◇ **単純時称の作り方**

不定法	
—er	[e]
—ir	[ir]
—re	[r]
—oir	[war]

現在分詞	
—ant	[ɑ̃]

	直説法現在				接続法現在		直説法半過去	
je (j')	—e	[無音]	—s	[無音]	—e	[無音]	—ais	[ɛ]
tu	—es	[無音]	—s	[無音]	—es	[無音]	—ais	[ɛ]
il	—e	[無音]	—t	[無音]	—e	[無音]	—ait	[ɛ]
nous	—ons	[ɔ̃]			—ions	[jɔ̃]	—ions	[jɔ̃]
vous	—ez	[e]			—iez	[je]	—iez	[je]
ils	—ent	[無音]			—ent	[無音]	—aient	[ɛ]

	直説法単純未来		条件法現在	
je (j')	—rai	[re]	—rais	[rɛ]
tu	—ras	[rɑ]	—rais	[rɛ]
il	—ra	[ra]	—rait	[rɛ]
nous	—rons	[rɔ̃]	—rions	[rjɔ̃]
vous	—rez	[re]	—riez	[rje]
ils	—ront	[rɔ̃]	—raient	[rɛ]

	直　説　法　単　純　過　去					
je	—ai	[e]	—is	[i]	—us	[y]
tu	—as	[ɑ]	—is	[i]	—us	[y]
il	—a	[a]	—it	[i]	—ut	[y]
nous	—âmes	[am]	—îmes	[im]	—ûmes	[ym]
vous	—âtes	[at]	—îtes	[it]	—ûtes	[yt]
ils	—èrent	[ɛr]	—irent	[ir]	—urent	[yr]

過去分詞	—é [e]，—i [i]，—u [y]，—s [無音]，—t [無音]

①**直説法現在**の単数形は，第一群動詞では—e, —es, —e；他の動詞ではほとんど—s, —s, —t.
②直説法現在と接続法現在では，nous, vous の語幹が，他の人称の語幹と異なること(母音交替)がある.
③**命令法**は，直説法現在の tu, nous, vous をとった形.（ただし—es → e　vas → va）
④**接続法現在**は，多く直説法現在の 3 人称複数形から作られる．ils partent → je parte.
⑤**直説法半過去**と**現在分詞**は，直説法現在の 1 人称複数形から作られる.
⑥**直説法単純未来**と**条件法現在**は多く不定法から作られる. aimer → j'aimerai, finir → je finirai, rendre → je rendrai (-oir 型の語幹は不規則).

1. avoir	直　説　法		
	現　在	半　過　去	単　純　過　去
現在分詞	j' ai	j' avais	j' eus [y]
ayant	tu as	tu avais	tu eus
	il a	il avait	il eut
過去分詞	nous avons	nous avions	nous eûmes
eu [y]	vous avez	vous aviez	vous eûtes
	ils ont	ils avaient	ils eurent
命　令　法	複　合　過　去	大　過　去	前　過　去
	j' ai eu	j' avais eu	j' eus eu
aie	tu as eu	tu avais eu	tu eus eu
	il a eu	il avait eu	il eut eu
ayons	nous avons eu	nous avions eu	nous eûmes eu
ayez	vous avez eu	vous aviez eu	vous eûtes eu
	ils ont eu	ils avaient eu	ils eurent eu

2. être	直　説　法		
	現　在	半　過　去	単　純　過　去
現在分詞	je suis	j' étais	je fus
étant	tu es	tu étais	tu fus
	il est	il était	il fut
過去分詞	nous sommes	nous étions	nous fûmes
été	vous êtes	vous étiez	vous fûtes
	ils sont	ils étaient	ils furent
命　令　法	複　合　過　去	大　過　去	前　過　去
	j' ai été	j' avais été	j' eus été
sois	tu as été	tu avais été	tu eus été
	il a été	il avait été	il eut été
soyons	nous avons été	nous avions été	nous eûmes été
soyez	vous avez été	vous aviez été	vous eûtes été
	ils ont été	ils avaient été	ils eurent été

3. avoir aimé	直　説　法		
[複合時称]	複　合　過　去	大　過　去	前　過　去
分詞複合形	j' ai aimé	j' avais aimé	j' eus aimé
ayant aimé	tu as aimé	tu avais aimé	tu eus aimé
	il a aimé	il avait aimé	il eut aimé
命　令　法	elle a aimé	elle avait aimé	elle eut aimé
aie aimé	nous avons aimé	nous avions aimé	nous eûmes aimé
ayons aimé	vous avez aimé	vous aviez aimé	vous eûtes aimé
	ils ont aimé	ils avaient aimé	ils eurent aimé
ayez aimé	elles ont aimé	elles avaient aimé	elles eurent aimé

4. être allé(e)(s)	直　説　法		
[複合時称]	複　合　過　去	大　過　去	前　過　去
	je suis allé(e)	j' étais allé(e)	je fus allé(e)
分詞複合形 étant allé(e)(s)	tu es allé(e)	tu étais allé(e)	tu fus allé(e)
	il est allé	il était allé	il fut allé
命　令　法	elle est allée	elle était allée	elle fut allée
sois allé(e)	nous sommes allé(e)s	nous étions allé(e)s	nous fûmes allé(e)s
	vous êtes allé(e)(s)	vous étiez allé(e)(s)	vous fûtes allé(e)(s)
soyons allé(e)s	ils sont allés	ils étaient allés	ils furent allés
soyez allé(e)(s)	elles sont allées	elles étaient allées	elles furent allées

	条件法	接続法	
単純未来	現在	現在	半過去
j' aurai	j' aurais	j' aie	j' eusse
tu auras	tu aurais	tu aies	tu eusses
il aura	il aurait	il ait	il eût
nous aurons	nous aurions	nous ayons	nous eussions
vous aurez	vous auriez	vous ayez	vous eussiez
ils auront	ils auraient	ils aient	ils eussent
前未来	過去	過去	大過去
j' aurai eu	j' aurais eu	j' aie eu	j' eusse eu
tu auras eu	tu aurais eu	tu aies eu	tu eusses eu
il aura eu	il aurait eu	il ait eu	il eût eu
nous aurons eu	nous aurions eu	nous ayons eu	nous eussions eu
vous aurez eu	vous auriez eu	vous ayez eu	vous eussiez eu
ils auront eu	ils auraient eu	ils aient eu	ils eussent eu

	条件法	接続法	
単純未来	現在	現在	半過去
je serai	je serais	je sois	je fusse
tu seras	tu serais	tu sois	tu fusses
il sera	il serait	il soit	il fût
nous serons	nous serions	nous soyons	nous fussions
vous serez	vous seriez	vous soyez	vous fussiez
ils seront	ils seraient	ils soient	ils fussent
前未来	過去	過去	大過去
j' aurai été	j' aurais été	j' aie été	j' eusse été
tu auras été	tu aurais été	tu aies été	tu eusses été
il aura été	il aurait été	il ait été	il eût été
nous aurons été	nous aurions été	nous ayons été	nous eussions été
vous aurez été	vous auriez été	vous ayez été	vous eussiez été
ils auront été	ils auraient été	ils aient été	ils eussent été

	条件法	接続法	
前未来	過去	過去	大過去
j' aurai aimé	j' aurais aimé	j' aie aimé	j' eusse aimé
tu auras aimé	tu aurais aimé	tu aies aimé	tu eusses aimé
il aura aimé	il aurait aimé	il ait aimé	il eût aimé
elle aura aimé	elle aurait aimé	elle ait aimé	elle eût aimé
nous aurons aimé	nous aurions aimé	nous ayons aimé	nous eussions aimé
vous aurez aimé	vous auriez aimé	vous ayez aimé	vous eussiez aimé
ils auront aimé	ils auraient aimé	ils aient aimé	ils eussent aimé
elles auront aimé	elles auraient aimé	elles aient aimé	elles eussent aimé

	条件法	接続法	
前未来	過去	過去	大過去
je serai allé(e)	je serais allé(e)	je sois allé(e)	je fusse allé(e)
tu seras allé(e)	tu serais allé(e)	tu sois allé(e)	tu fusse allé(e)
il sera allé	il serait allé	il soit allé	il fût allé
elle sera allée	elle serait allée	elle soit allée	elle fût allée
nous serons allé(e)s	nous serions allé(e)s	nous soyons allé(e)s	nous fussions allé(e)s
vous serez allé(e)(s)	vous seriez allé(e)(s)	vous soyez allé(e)(s)	vous fussiez allé(e)(s)
ils seront allés	ils seraient allés	ils soient allés	ils fussent allés
elles seront allées	elles seraient allées	elles soient allées	elles fussent allées

5. être aimé(e)(s) ［受動態］

直説法		接続法
現在	複合過去	現在
je suis aimé(e)	j' ai été aimé(e)	je sois aimé(e)
tu es aimé(e)	tu as été aimé(e)	tu sois aimé(e)
il est aimé	il a été aimé	il soit aimé
elle est aimée	elle a été aimée	elle soit aimée
nous sommes aimé(e)s	nous avons été aimé(e)s	nous soyons aimé(e)s
vous êtes aimé(e)(s)	vous avez été aimé(e)(s)	vous soyez aimé(e)(s)
ils sont aimés	ils ont été aimés	ils soient aimés
elles sont aimées	elles ont été aimées	elles soient aimées
半過去	大過去	過去
j' étais aimé(e)	j' avais été aimé(e)	j' aie été aimé(e)
tu étais aimé(e)	tu avais été aimé(e)	tu aies été aimé(e)
il était aimé	il avait été aimé	il ait été aimé
elle était aimée	elle avait été aimée	elle ait été aimée
nous étions aimé(e)s	nous avions été aimé(e)s	nous ayons été aimé(e)s
vous étiez aimé(e)(s)	vous aviez été aimé(e)(s)	vous ayez été aimé(e)(s)
ils étaient aimés	ils avaient été aimés	ils aient été aimés
elles étaient aimées	elles avaient été aimées	elles aient été aimées
単純過去	前過去	半過去
je fus aimé(e)	j' eus été aimé(e)	je fusse aimé(e)
tu fus aimé(e)	tu eus été aimé(e)	tu fusses aimé(e)
il fut aimé	il eut été aimé	il fût aimé
elle fut aimée	elle eut été aimée	elle fût aimée
nous fûmes aimé(e)s	nous eûmes été aimé(e)s	nous fussions aimé(e)s
vous fûtes aimé(e)(s)	vous eûtes été aimé(e)(s)	vous fussiez aimé(e)(s)
ils furent aimés	ils eurent été aimés	ils fussent aimés
elles furent aimées	elles eurent été aimées	elles fussent aimées
単純未来	前未来	大過去
je serai aimé(e)	j' aurai été aimé(e)	j' eusse été aimé(e)
tu seras aimé(e)	tu auras été aimé(e)	tu eusses été aimé(e)
il sera aimé	il aura été aimé	il eût été aimé
elle sera aimée	elle aura été aimée	elle eût été aimée
nous serons aimé(e)s	nous aurons été aimé(e)s	nous eussions été aimé(e)s
vous serez aimé(e)(s)	vous aurez été aimé(e)(s)	vous eussiez été aimé(e)(s)
ils seront aimés	ils auront été aimés	ils eussent été aimés
elles seront aimées	elles auront été aimées	elles eussent été aimées
条件法		現在分詞
現在	過去	étant aimé(e)(s)
je serais aimé(e)	j' aurais été aimé(e)	
tu serais aimé(e)	tu aurais été aimé(e)	過去分詞
il serait aimé	il aurait été aimé	été aimé(e)(s)
elle serait aimée	elle aurait été aimée	
nous serions aimé(e)s	nous aurions été aimé(e)s	命令法
vous seriez aimé(e)(s)	vous auriez été aimé(e)(s)	sois aimé(e)s
ils seraient aimés	ils auraient été aimés	soyons aimé(e)s
elles seraient aimées	elles auraient été aimées	soyez aimé(e)(s)

6. se lever［代名動詞］

直説法		接続法
現在	複合過去	現在
je me lève	je me suis levé(e)	je me lève
tu te lèves	tu t' es levé(e)	tu te lèves
il se lève	il s' est levé	il se lève
elle se lève	elle s' est levée	elle se lève
nous nous levons	nous nous sommes levé(e)s	nous nous levions
vous vous levez	vous vous êtes levé(e)(s)	vous vous leviez
ils se lèvent	ils se sont levés	ils se lèvent
elles se lèvent	elles se sont levées	elles se lèvent
半過去	大過去	過去
je me levais	je m' étais levé(e)	je me sois levé(e)
tu te levais	tu t' étais levé(e)	tu te sois levé(e)
il se levait	il s' était levé	il se soit levé
elle se levait	elle s' était levée	elle se soit levée
nous nous levions	nous nous étions levé(e)s	nous nous soyons levé(e)s
vous vous leviez	vous vous étiez levé(e)(s)	vous vous soyez levé(e)(s)
ils se levaient	ils s' étaient levés	ils se soient levés
elles se levaient	elles s' étaient levées	elles se soient levées
単純過去	前過去	半過去
je me levai	je me fus levé(e)	je me levasse
tu te levas	tu te fus levé(e)	tu te levasses
il se leva	il se fut levé	il se levât
elle se leva	elle se fut levée	elle se levât
nous nous levâmes	nous nous fûmes levé(e)s	nous nous levassions
vous vous levâtes	vous vous fûtes levé(e)(s)	vous vous levassiez
ils se levèrent	ils se furent levés	ils se levassent
elles se levèrent	elles se furent levées	elles se levassent
単純未来	前未来	大過去
je me lèverai	je me serai levé(e)	je me fusse levé(e)
tu te lèveras	tu te seras levé(e)	tu te fusses levé(e)
il se lèvera	il se sera levé	il se fût levé
elle se lèvera	elle se sera levée	elle se fût levée
nous nous lèverons	nous nous serons levé(e)s	nous nous fussions levé(e)s
vous vous lèverez	vous vous serez levé(e)(s)	vous vous fussiez levé(e)(s)
ils se lèveront	ils se seront levés	ils se fussent levés
elles se lèveront	elles se seront levées	elles se fussent levées

条件法		現在分詞
現在	過去	se levant
je me lèverais	je me serais levé(e)	
tu te lèverais	tu te serais levé(e)	
il se lèverait	il se serait levé	命令法
elle se lèverait	elle se serait levée	
nous nous lèverions	nous nous serions levé(e)s	
vous vous lèveriez	vous vous seriez levé(e)(s)	lève-toi
ils se lèveraient	ils se seraient levés	levons-nous
elles se lèveraient	elles se seraient levées	levez-vous

◇seが間接補語のとき過去分詞は性・数の変化をしない.

不定法 現在分詞 過去分詞	直説法			
	現在	半過去	単純過去	単純未来
7. aimer *aimant* *aimé*	j' aime tu aimes il aime n. aimons v. aimez ils aiment	j' aimais tu aimais il aimait n. aimions v. aimiez ils aimaient	j' aimai tu aimas il aima n. aimâmes v. aimâtes ils aimèrent	j' aimerai tu aimeras il aimera n. aimerons v. aimerez ils aimeront
8. commencer *commençant* *commencé*	je commence tu commences il commence n. commençons v. commencez ils commencent	je commençais tu commençais il commençait n. commencions v. commenciez ils commençaient	je commençai tu commenças il commença n. commençâmes v. commençâtes ils commencèrent	je commencerai tu commenceras il commencera n. commencerons v. commencerez ils commenceront
9. manger *mangeant* *mangé*	je mange tu manges il mange n. mangeons v. mangez ils mangent	je mangeais tu mangeais il mangeait n. mangions v. mangiez ils mangeaient	je mangeai tu mangeas il mangea n. mangeâmes v. mangeâtes ils mangèrent	je mangerai tu mangeras il mangera n. mangerons v. mangerez ils mangeront
10. acheter *achetant* *acheté*	j' achète tu achètes il achète n. achetons v. achetez ils achètent	j' achetais tu achetais il achetait n. achetions v. achetiez ils achetaient	j' achetai tu achetas il acheta n. achetâmes v. achetâtes ils achetèrent	j' achèterai tu achèteras il achètera n. achèterons v. achèterez ils achèteront
11. appeler *appelant* *appelé*	j' appelle tu appelles il appelle n. appelons v. appelez ils appellent	j' appelais tu appelais il appelait n. appelions v. appeliez ils appelaient	j' appelai tu appelas il appela n. appelâmes v. appelâtes ils appelèrent	j' appellerai tu appelleras il appellera n. appellerons v. appellerez ils appelleront
12. préférer *préférant* *préféré*	je préfère tu préfères il préfère n. préférons v. préférez ils préfèrent	je préférais tu préférais il préférait n. préférions v. préfériez ils préféraient	je préférai tu préféras il préféra n. préférâmes v. préférâtes ils préférèrent	je préférerai tu préféreras il préférera n. préférerons v. préférerez ils préféreront
13. employer *employant* *employé*	j' emploie tu emploies il emploie n. employons v. employez ils emploient	j' employais tu employais il employait n. employions v. employiez ils employaient	j' employai tu employas il employa n. employâmes v. employâtes ils employèrent	j' emploierai tu emploieras il emploiera n. emploierons v. emploierez ils emploieront

条件法	接続法		命令法	同型
現在	現在	半過去		
j' aimerais tu aimerais il aimerait n. aimerions v. aimeriez ils aimeraient	j' aime tu aimes il aime n. aimions v. aimiez ils aiment	j' aimasse tu aimasses il aimât n. aimassions v. aimassiez ils aimassent	aime aimons aimez	[注]語尾 -er の動詞（除：aller, envoyer）を**第一群規則動詞**ともいう．
je commencerais tu commencerais il commencerait n. commencerions v. commenceriez ils commenceraient	je commence tu commences il commence n. commencions v. commenciez ils commencent	je commençasse tu commençasses il commençât n. commençassions v. commençassiez ils commençassent	commence commençons commencez	**avancer** **effacer** **forcer** **lancer** **placer** **prononcer** **remplacer** **renoncer**
je mangerais tu mangerais il mangerait n. mangerions v. mangeriez ils mangeraient	je mange tu manges il mange n. mangions v. mangiez ils mangent	je mangeasse tu mangeasses il mangeât n. mangeassions v. mangeassiez ils mangeassent	mange mangeons mangez	**arranger** **changer** **charger** **déranger** **engager** **manger** **obliger** **voyager**
j' achèterais tu achèterais il achèterait n. achèterions v. achèteriez ils achèteraient	j' achète tu achètes il achète n. achetions v. achetiez ils achètent	j' achetasse tu achetasses il achetât n. achetassions v. achetassiez ils achetassent	achète achetons achetez	**achever** **amener** **enlever** **lever** **mener** **peser** **(se) promener**
j' appellerais tu appellerais il appellerait n. appellerions v. appelleriez ils appelleraient	j' appelle tu appelles il appelle n. appelions v. appeliez ils appellent	j' appelasse tu appelasses il appelât n. appelassions v. appelassiez ils appelassent	appelle appelons appelez	**jeter** **rappeler** **rejeter** **renouveler**
je préférerais tu préférerais il préférerait n. préférerions v. préféreriez ils préféreraient	je préfère tu préfères il préfère n. préférions v. préfériez ils préfèrent	je préférasse tu préférasses il préférât n. préférassions v. préférassiez ils préférassent	préfère préférons préférez	**considérer** **désespérer** **espérer** **inquiéter** **pénétrer** **posséder** **répéter** **sécher**
j' emploierais tu emploierais il emploierait n. emploierions v. emploieriez ils emploieraient	j' emploie tu emploies il emploie n. employions v. employiez ils emploient	j' employasse tu employasses il employât n. employassions v. employassiez ils employassent	emploie employons employez	**-oyer**（除：**envoyer**） **-uyer** **appuyer** **ennuyer** **essuyer** **nettoyer**

不　定　法 現在分詞 過去分詞	直　説　法			
	現　在	半過去	単純過去	単純未来
14. payer *payant* *payé*	je paye (paie) tu payes (paies) il paye (paie) n. payons v. payez ils payent (paient)	je payais tu payais il payait n. payions v. payiez ils payaient	je payai tu payas il paya n. payâmes v. payâtes ils payèrent	je payerai (paierai) tu payeras (*etc.*. . .) il payera n. payerons v. payerez ils payeront
15. envoyer *envoyant* *envoyé*	j' envoie tu envoies il envoie n. envoyons v. envoyez ils envoient	j' envoyais tu envoyais il envoyait n. envoyions v. envoyiez ils envoyaient	j' envoyai tu envoyas il envoya n. envoyâmes v. envoyâtes ils envoyèrent	j' **enverrai** tu **enverras** il **enverra** n. **enverrons** v. **enverrez** ils **enverront**
16. aller *allant* *allé*	je **vais** tu **vas** il **va** n. allons v. allez ils **vont**	j' allais tu allais il allait n. allions v. alliez ils allaient	j' allai tu allas il alla n. allâmes v. allâtes ils allèrent	j' **irai** tu **iras** il **ira** n. **irons** v. **irez** ils **iront**
17. finir *finissant* *fini*	je finis tu finis il finit n. finissons v. finissez ils finissent	je finissais tu finissais il finissait n. finissions v. finissiez ils finissaient	je finis tu finis il finit n. finîmes v. finîtes ils finirent	je finirai tu finiras il finira n. finirons v. finirez ils finiront
18. partir *partant* *parti*	je pars tu pars il part n. partons v. partez ils partent	je partais tu partais il partait n. partions v. partiez ils partaient	je partis tu partis il partit n. partîmes v. partîtes ils partirent	je partirai tu partiras il partira n. partirons v. partirez ils partiront
19. sentir *sentant* *senti*	je sens tu sens il sent n. sentons v. sentez ils sentent	je sentais tu sentais il sentait n. sentions v. sentiez ils sentaient	je sentis tu sentis il sentit n. sentîmes v. sentîtes ils sentirent	je sentirai tu sentiras il sentira n. sentirons v. sentirez ils sentiront
20. tenir *tenant* *tenu*	je tiens tu tiens il tient n. tenons v. tenez ils tiennent	je tenais tu tenais il tenait n. tenions v. teniez ils tenaient	je tins tu tins il tint n. tînmes v. tîntes ils tinrent	je **tiendrai** tu **tiendras** il **tiendra** n. **tiendrons** v. **tiendrez** ils **tiendront**

条件法	接続法		命令法	同型
現在	現在	半過去		
je payerais (paierais) tu payerais (*etc. . .*) il payerait n. payerions v. payeriez ils payeraient	je paye (paie) tu payes (paies) il paye (paie) n. payions v. payiez ils payent (paient)	je payasse tu payasses il payât n. payassions v. payassiez ils payassent	paie (paye) payons payez	［発音］ je paye [ʒəpɛj], je paie [ʒəpɛ]; je payerai [ʒəpɛjre], je paierai [ʒəpɛre].
j' enverrais tu enverrais il enverrait n. enverrions v. enverriez ils enverraient	j' envoie tu envoies il envoie n. envoyions v. envoyiez ils envoient	j' envoyasse tu envoyasses il envoyât n. envoyassions v. envoyassiez ils envoyassent	envoie envoyons envoyez	注未来，条·現を除いては，**13** と同じ. **renvoyer**
j' irais tu irais il irait n. irions v. iriez ils iraient	j' **aille** tu **ailles** il **aille** n. allions v. alliez ils **aillent**	j' allasse tu allasses il allât n. allassions v. allassiez ils allassent	**va** allons allez	注yがつくとき命令法·現在はvas: vas-y. 直·現·3人称複数にontの語尾をもつものは他にont(avoir), sont(être), font(faire)のみ.
je finirais tu finirais il finirait n. finirions v. finiriez ils finiraient	je finisse tu finisses il finisse n. finissions v. finissiez ils finissent	je finisse tu finisses il finît n. finissions v. finissiez ils finissent	finis finissons finissez	注finir 型の動詞を第2群規則動詞という.
je partirais tu partirais il partirait n. partirions v. partiriez ils partiraient	je parte tu partes il parte n. partions v. partiez ils partent	je partisse tu partisses il partît n. partissions v. partissiez ils partissent	pars partons partez	注助動詞はêtre. **sortir**
je sentirais tu sentirais il sentirait n. sentirions v. sentiriez ils sentiraient	je sente tu sentes il sente n. sentions v. sentiez ils sentent	je sentisse tu sentisses il sentît n. sentissions v. sentissiez ils sentissent	sens sentons sentez	注**18**と助動詞を除けば同型.
je tiendrais tu tiendrais il tiendrait n. tiendrions v. tiendriez ils tiendraient	je tienne tu tiennes il tienne n. tenions v. teniez ils tiennent	je tinsse tu tinsses il tînt n. tinssions v. tinssiez ils tinssent	tiens tenons tenez	注**venir 21**と同型，ただし，助動詞はavoir.

不定法 現在分詞 過去分詞	直説法			
	現在	半過去	単純過去	単純未来
21. venir	je viens	je venais	je vins	je **viendrai**
	tu viens	tu venais	tu vins	tu **viendras**
venant	il vient	il venait	il vint	il **viendra**
venu	n. venons	n. venions	n. vînmes	n. **viendrons**
	v. venez	v. veniez	v. vîntes	v. **viendrez**
	ils viennent	ils venaient	ils vinrent	ils **viendront**
22. accueillir	j' **accueille**	j' accueillais	j' accueillis	j' **accueillerai**
	tu **accueilles**	tu accueillais	tu accueillis	tu **accueilleras**
accueillant	il **accueille**	il accueillait	il accueillit	il **accueillera**
accueilli	n. accueillons	n. accueillions	n. accueillîmes	n. **accueillerons**
	v. accueillez	v. accueilliez	v. accueillîtes	v. **accueillerez**
	ils accueillent	ils accueillaient	ils accueillirent	ils **accueilleront**
23. ouvrir	j' **ouvre**	j' ouvrais	j' ouvris	j' ouvrirai
	tu **ouvres**	tu ouvrais	tu ouvris	tu ouvriras
ouvrant	il **ouvre**	il ouvrait	il ouvrit	il ouvrira
ouvert	n. ouvrons	n. ouvrions	n. ouvrîmes	n. ouvrirons
	v. ouvrez	v. ouvriez	v. ouvrîtes	v. ouvrirez
	ils ouvrent	ils ouvraient	ils ouvrirent	ils ouvriront
24. courir	je cours	je courais	je courus	je **courrai**
	tu cours	tu courais	tu courus	tu **courras**
courant	il court	il courait	il courut	il **courra**
couru	n. courons	n. courions	n. courûmes	n. **courrons**
	v. courez	v. couriez	v. courûtes	v. **courrez**
	ils courent	ils couraient	ils coururent	ils **courront**
25. mourir	je meurs	je mourais	je mourus	je **mourrai**
	tu meurs	tu mourais	tu mourus	tu **mourras**
mourant	il meurt	il mourait	il mourut	il **mourra**
mort	n. mourons	n. mourions	n. mourûmes	n. **mourrons**
	v. mourez	v. mouriez	v. mourûtes	v. **mourrez**
	ils meurent	ils mouraient	ils moururent	ils **mourront**
26. acquérir	j' acquiers	j' acquérais	j' acquis	j' **acquerrai**
	tu acquiers	tu acquérais	tu acquis	tu **acquerras**
acquérant	il acquiert	il acquérait	il acquit	il **acquerra**
acquis	n. acquérons	n. acquérions	n. acquîmes	n. **acquerrons**
	v. acquérez	v. acquériez	v. acquîtes	v. **acquerrez**
	ils acquièrent	ils acquéraient	ils acquirent	ils **acquerront**
27. fuir	je fuis	je fuyais	je fuis	je fuirai
	tu fuis	tu fuyais	tu fuis	tu fuiras
fuyant	il fuit	il fuyait	il fuit	il fuira
fui	n. fuyons	n. fuyions	n. fuîmes	n. fuirons
	v. fuyez	v. fuyiez	v. fuîtes	v. fuirez
	ils fuient	ils fuyaient	ils fuirent	ils fuiront

条件法	接続法		命令法	同　型
現　在	現　在	半過去		
je viendrais tu viendrais il viendrait n. viendrions v. viendriez ils viendraient	je vienne tu viennes il vienne n. venions v. veniez ils viennent	je vinsse tu vinsses il vînt n. vinssions v. vinssiez ils vinssent	viens venons venez	注 助動詞は être. **devenir** **intervenir** **prévenir** **revenir** **(se) souvenir**
j' accueillerais tu accueillerais il accueillerait n. accueillerions v. accueilleriez ils accueilleraient	j' accueille tu accueilles il accueille n. accueillions v. accueilliez ils accueillent	j' accueillisse tu accueillisses il accueillît n. accueillissions v. accueillissiez ils accueillissent	**accueille** accueillons accueillez	**cueillir**
j' ouvrirais tu ouvrirais il ouvrirait n. ouvririons v. ouvririez ils ouvriraient	j' ouvre tu ouvres il ouvre n. ouvrions v. ouvriez ils ouvrent	j' ouvrisse tu ouvrisses il ouvrît n. ouvrissions v. ouvrissiez ils ouvrissent	**ouvre** ouvrons ouvrez	**couvrir** **découvrir** **offrir** **souffrir**
je courrais tu courrais il courrait n. courrions v. courriez ils courraient	je coure tu coures il coure n. courions v. couriez ils courent	je courusse tu courusses il courût n. courussions v. courussiez ils courussent	cours courons courez	**accourir**
je mourrais tu mourrais il mourrait n. mourrions v. mourriez ils mourraient	je meure tu meures il meure n. mourions v. mouriez ils meurent	je mourusse tu mourusses il mourût n. mourussions v. mourussiez ils mourussent	meurs mourons mourez	注 助動詞は être.
j' acquerrais tu acquerrais il acquerrait n. acquerrions v. acquerriez ils acquerraient	j' acquière tu acquières il acquière n. acquérions v. acquériez ils acquièrent	j' acquisse tu acquisses il acquît n. acquissions v. acquissiez ils acquissent	acquiers acquérons acquérez	**conquérir**
je fuirais tu fuirais il fuirait n. fuirions v. fuiriez ils fuiraient	je fuie tu fuies il fuie n. fuyions v. fuyiez ils fuient	je fuisse tu fuisses il fuît n. fuissions v. fuissiez ils fuissent	fuis fuyons fuyez	**s'enfuir**

不　定　法 現在分詞 過去分詞	直　説　法			
	現　在	半 過 去	単純過去	単純未来
28. rendre *rendant* *rendu*	je rends tu rends il **rend** n. rendons v. rendez ils rendent	je rendais tu rendais il rendait n. rendions v. rendiez ils rendaient	je rendis tu rendis il rendit n. rendîmes v. rendîtes ils rendirent	je rendrai tu rendras il rendra n. rendrons v. rendrez ils rendront
29. prendre *prenant* *pris*	je prends tu prends il **prend** n. prenons v. prenez ils prennent	je prenais tu prenais il prenait n. prenions v. preniez ils prenaient	je pris tu pris il prit n. prîmes v. prîtes ils prirent	je prendrai tu prendras il prendra n. prendrons v. prendrez ils prendront
30. craindre *craignant* *craint*	je crains tu crains il craint n. craignons v. craignez ils craignent	je craignais tu craignais il craignait n. craignions v. craigniez ils craignaient	je craignis tu craignis il craignit n. craignîmes v. craignîtes ils craignirent	je craindrai tu craindras il craindra n. craindrons v. craindrez ils craindront
31. faire *faisant* *fait*	je fais tu fais il fait n. faisons v. **faites** ils **font**	je faisais tu faisais il faisait n. faisions v. faisiez ils faisaient	je fis tu fis il fit n. fîmes v. fîtes ils firent	je **ferai** tu **feras** il **fera** n. **ferons** v. **ferez** ils **feront**
32. dire *disant* *dit*	je dis tu dis il dit n. disons v. **dites** ils disent	je disais tu disais il disait n. disions v. disiez ils disaient	je dis tu dis il dit n. dîmes v. dîtes ils dirent	je dirai tu diras il dira n. dirons v. direz ils diront
33. lire *lisant* *lu*	je lis tu lis il lit n. lisons v. lisez ils lisent	je lisais tu lisais il lisait n. lisions v. lisiez ils lisaient	je lus tu lus il lut n. lûmes v. lûtes ils lurent	je lirai tu liras il lira n. lirons v. lirez ils liront
34. suffire *suffisant* *suffi*	je suffis tu suffis il suffit n. suffisons v. suffisez ils suffisent	je suffisais tu suffisais il suffisait n. suffisions v. suffisiez ils suffisaient	je suffis tu suffis il suffit n. suffîmes v. suffîtes ils suffirent	je suffirai tu suffiras il suffira n. suffirons v. suffirez ils suffiront

条件法	接続法		命令法	同型
現在	現在	半過去		
je rendrais tu rendrais il rendrait n. rendrions v. rendriez ils rendraient	je rende tu rendes il rende n. rendions v. rendiez ils rendent	je rendisse tu rendisses il rendît n. rendissions v. rendissiez ils rendissent	 rends rendons rendez 	**attendre** **descendre** **entendre** **pendre** **perdre** **répandre** **répondre** **vendre**
je prendrais tu prendrais il prendrait n. prendrions v. prendriez ils prendraient	je prenne tu prennes il prenne n. prenions v. preniez ils prennent	je prisse tu prisses il prît n. prissions v. prissiez ils prissent	 prends prenons prenez 	**apprendre** **comprendre** **entreprendre** **reprendre** **surprendre**
je craindrais tu craindrais il craindrait n. craindrions v. craindriez ils craindraient	je craigne tu craignes il craigne n. craignions v. craigniez ils craignent	je craignisse tu craignisses il craignît n. craignissions v. craignissiez ils craignissent	 crains craignons craignez 	**atteindre** **éteindre** **joindre** **peindre** **plaindre**
je ferais tu ferais il ferait n. ferions v. feriez ils feraient	je **fasse** tu **fasses** il **fasse** n. **fassions** v. **fassiez** ils **fassent**	je fisse tu fisses il fît n. fissions v. fissiez ils fissent	 fais faisons **faites** 	**défaire** **refaire** **satisfaire** 注 fais-[f(ə)z-]
je dirais tu dirais il dirait n. dirions v. diriez ils diraient	je dise tu dises il dise n. disions v. disiez ils disent	je disse tu disses il dît n. dissions v. dissiez ils dissent	 dis disons **dites** 	**redire**
je lirais tu lirais il lirait n. lirions v. liriez ils liraient	je lise tu lises il lise n. lisions v. lisiez ils lisent	je lusse tu lusses il lût n. lussions v. lussiez ils lussent	 lis lisons lisez 	**relire** **élire**
je suffirais tu suffirais il suffirait n. suffirions v. suffiriez ils suffiraient	je suffise tu suffises il suffise n. suffisions v. suffisiez ils suffisent	je suffisse tu suffisses il suffît n. suffissions v. suffissiez ils suffissent	 suffis suffisons suffisez 	

不 定 法 現在分詞 過去分詞	直 説 法			
	現 在	半 過 去	単純過去	単純未来
35. conduire *conduisant* *conduit*	je conduis tu conduis il conduit n. conduisons v. conduisez ils conduisent	je conduisais tu conduisais il conduisait n. conduisions v. conduisiez ils conduisaient	je conduisis tu conduisis il conduisit n. conduisîmes v. conduisîtes ils conduisirent	je conduirai tu conduiras il conduira n. conduirons v. conduirez ils conduiront
36. plaire *plaisant* *plu*	je plais tu plais il **plaît** n. plaisons v. plaisez ils plaisent	je plaisais tu plaisais il plaisait n. plaisions v. plaisiez ils plaisaient	je plus tu plus il plut n. plûmes v. plûtes ils plurent	je plairai tu plairas il plaira n. plairons v. plairez ils plairont
37. coudre *cousant* *cousu*	je couds tu couds il coud n. cousons v. cousez ils cousent	je cousais tu cousais il cousait n. cousions v. cousiez ils cousaient	je cousis tu cousis il cousit n. cousîmes v. cousîtes ils cousirent	je coudrai tu coudras il coudra n. coudrons v. coudrez ils coudront
38. suivre *suivant* *suivi*	je suis tu suis il suit n. suivons v. suivez ils suivent	je suivais tu suivais il suivait n. suivions v. suiviez ils suivaient	je suivis tu suivis il suivit n. suivîmes v. suivîtes ils suivirent	je suivrai tu suivras il suivra n. suivrons v. suivrez ils suivront
39. vivre *vivant* *vécu*	je vis tu vis il vit n. vivons v. vivez ils vivent	je vivais tu vivais il vivait n. vivions v. viviez ils vivaient	je vécus tu vécus il vécut n. vécûmes v. vécûtes ils vécurent	je vivrai tu vivras il vivra n. vivrons v. vivrez ils vivront
40. écrire *écrivant* *écrit*	j' écris tu écris il écrit n. écrivons v. écrivez ils écrivent	j' écrivais tu écrivais il écrivait n. écrivions v. écriviez ils écrivaient	j' écrivis tu écrivis il écrivit n. écrivîmes v. écrivîtes ils écrivirent	j' écrirai tu écriras il écrira n. écrirons v. écrirez ils écriront
41. boire *buvant* *bu*	je bois tu bois il boit n. buvons v. buvez ils boivent	je buvais tu buvais il buvait n. buvions v. buviez ils buvaient	je bus tu bus il but n. bûmes v. bûtes ils burent	je boirai tu boiras il boira n. boirons v. boirez ils boiront

条件法	接続法		命令法	同型
現在	現在	半過去		
je conduirais tu conduirais il conduirait n. conduirions v. conduiriez ils conduiraient	je conduise tu conduises il conduise n. conduisions v. conduisiez ils conduisent	je conduisisse tu conduisisses il conduisît n. conduisissions v. conduisissiez ils conduisissent	conduis conduisons conduisez	**construire** **cuire** **détruire** **instruire** **introduire** **produire** **traduire**
je plairais tu plairais il plairait n. plairions v. plairiez ils plairaient	je plaise tu plaises il plaise n. plaisions v. plaisiez ils plaisent	je plusse tu plusses il plût n. plussions v. plussiez ils plussent	plais plaisons plaisez	**déplaire** **(se) taire** （ただし il se tait）
je coudrais tu coudrais il coudrait n. coudrions v. coudriez ils coudraient	je couse tu couses il couse n. cousions v. cousiez ils cousent	je cousisse tu cousisses il cousît n. cousissions v. cousissiez ils cousissent	couds cousons cousez	
je suivrais tu suivrais il suivrait n. suivrions v. suivriez ils suivraient	je suive tu suives il suive n. suivions v. suiviez ils suivent	je suivisse tu suivisses il suivît n. suivissions v. suivissiez ils suivissent	suis suivons suivez	**poursuivre**
je vivrais tu vivrais il vivrait n. vivrions v. vivriez ils vivraient	je vive tu vives il vive n. vivions v. viviez ils vivent	je vécusse tu vécusses il vécût n. vécussions v. vécussiez ils vécussent	vis vivons vivez	
j' écrirais tu écrirais il écrirait n. écririons v. écririez ils écriraient	j' écrive tu écrives il écrive n. écrivions v. écriviez ils écrivent	j' écrivisse tu écrivisses il écrivît n. écrivissions v. écrivissiez ils écrivissent	écris écrivons écrivez	**décrire** **inscrire**
je boirais tu boirais il boirait n. boirions v. boiriez ils boiraient	je boive tu boives il boive n. buvions v. buviez ils boivent	je busse tu busses il bût n. bussions v. bussiez ils bussent	bois buvons buvez	

不 定 法 現在分詞 過去分詞	直 説 法			
	現 在	半 過 去	単純過去	単純未来
42. résoudre *résolvant* *résolu*	je résous tu résous il résout n. résolvons v. résolvez ils résolvent	je résolvais tu résolvais il résolvait n. résolvions v. résolviez ils résolvaient	je résolus tu résolus il résolut n. résolûmes v. résolûtes ils résolurent	je résoudrai tu résoudras il résoudra n. résoudrons v. résoudrez ils résoudront
43. connaître *connaissant* *connu*	je connais tu connais il **connaît** n. connaissons v. connaissez ils connaissent	je connaissais tu connaissais il connaissait n. connaissions v. connaissiez ils connaissaient	je connus tu connus il connut n. connûmes v. connûtes ils connurent	je connaîtrai tu connaîtras il connaîtra n. connaîtrons v. connaîtrez ils connaîtront
44. naître *naissant* *né*	je nais tu nais il **naît** n. naissons v. naissez ils naissent	je naissais tu naissais il naissait n. naissions v. naissiez ils naissaient	je naquis tu naquis il naquit n. naquîmes v. naquîtes ils naquirent	je naîtrai tu naîtras il naîtra n. naîtrons v. naîtrez ils naîtront
45. croire *croyant* *cru*	je crois tu crois il croit n. croyons v. croyez ils croient	je croyais tu croyais il croyait n. croyions v. croyiez ils croyaient	je crus tu crus il crut n. crûmes v. crûtes ils crurent	je croirai tu croiras il croira n. croirons v. croirez ils croiront
46. battre *battant* *battu*	je bats tu bats il **bat** n. battons v. battez ils battent	je battais tu battais il battait n. battions v. battiez ils battaient	je battis tu battis il battit n. battîmes v. battîtes ils battirent	je battrai tu battras il battra n. battrons v. battrez ils battront
47. mettre *mettant* *mis*	je mets tu mets il **met** n. mettons v. mettez ils mettent	je mettais tu mettais il mettait n. mettions v. mettiez ils mettaient	je mis tu mis il mit n. mîmes v. mîtes ils mirent	je mettrai tu mettras il mettra n. mettrons v. mettrez ils mettront
48. rire *riant* *ri*	je ris tu ris il rit n. rions v. riez ils rient	je riais tu riais il riait n. riions v. riiez ils riaient	je ris tu ris il rit n. rîmes v. rîtes ils rirent	je rirai tu riras il rira n. rirons v. rirez ils riront

条件法	接続法		命令法	同型
現　在	現　在	半過去		
je résoudrais tu résoudrais il résoudrait n. résoudrions v. résoudriez ils résoudraient	je résolve tu résolves il résolve n. résolvions v. résolviez ils résolvent	je résolusse tu résolusses il résolût n. résolussions v. résolussiez ils résolussent	 résous résolvons résolvez	
je connaîtrais tu connaîtrais il connaîtrait n. connaîtrions v. connaîtriez ils connaîtraient	je connaisse tu connaisses il connaisse n. connaissions v. connaissiez ils connaissent	je connusse tu connusses il connût n. connussions v. connussiez ils connussent	 connais connaissons connaissez	注 t の前にくるとき i→î. **apparaître** **disparaître** **paraître** **reconnaître**
je naîtrais tu naîtrais il naîtrait n. naîtrions v. naîtriez ils naîtraient	je naisse tu naisses il naisse n. naissions v. naissiez ils naissent	je naquisse tu naquisses il naquît n. naquissions v. naquissiez ils naquissent	 nais naissons naissez	注 t の前にくるとき i→î. 助動詞はêtre.
je croirais tu croirais il croirait n. croirions v. croiriez ils croiraient	je croie tu croies il croie n. croyions v. croyiez ils croient	je crusse tu crusses il crût n. crussions v. crussiez ils crussent	 crois croyons croyez	
je battrais tu battrais il battrait n. battrions v. battriez ils battraient	je batte tu battes il batte n. battions v. battiez ils battent	je battisse tu battisses il battît n. battissions v. battissiez ils battissent	 bats battons battez	**abattre** **combattre**
je mettrais tu mettrais il mettrait n. mettrions v. mettriez ils mettraient	je mette tu mettes il mette n. mettions v. mettiez ils mettent	je misse tu misses il mît n. missions v. missiez ils missent	 mets mettons mettez	**admettre** **commettre** **permettre** **promettre** **remettre**
je rirais tu rirais il rirait n. ririons v. ririez ils riraient	je rie tu ries il rie n. riions v. riiez ils rient	je risse tu risses il rît n. rissions v. rissiez ils rissent	 ris rions riez	**sourire**

不　定　法 現在分詞 過去分詞	直　説　法			
	現　在	半過去	単純過去	単純未来
49. conclure	je conclus	je concluais	je conclus	je conclurai
	tu conclus	tu concluais	tu conclus	tu concluras
concluant	il conclut	il concluait	il conclut	il conclura
conclu	n. concluons	n. concluions	n. conclûmes	n. conclurons
	v. concluez	v. concluiez	v. conclûtes	v. conclurez
	ils concluent	ils concluaient	ils conclurent	ils concluront
50. rompre	je romps	je rompais	je rompis	je romprai
	tu romps	tu rompais	tu rompis	tu rompras
rompant	il rompt	il rompait	il rompit	il rompra
rompu	n. rompons	n. rompions	n. rompîmes	n. romprons
	v. rompez	v. rompiez	v. rompîtes	v. romprez
	ils rompent	ils rompaient	ils rompirent	ils rompront
51. vaincre	je vaincs	je vainquais	je vainquis	je vaincrai
	tu vaincs	tu vainquais	tu vainquis	tu vaincras
vainquant	il **vainc**	il vainquait	il vainquit	il vaincra
vaincu	n. vainquons	n. vainquions	n. vainquîmes	n. vaincrons
	v. vainquez	v. vainquiez	v. vainquîtes	v. vaincrez
	ils vainquent	ils vainquaient	ils vainquirent	ils vaincront
52. recevoir	je reçois	je recevais	je reçus	je **recevrai**
	tu reçois	tu recevais	tu reçus	tu **recevras**
recevant	il reçoit	il recevait	il reçut	il **recevra**
reçu	n. recevons	n. recevions	n. reçûmes	n. **recevrons**
	v. recevez	v. receviez	v. reçûtes	v. **recevrez**
	ils reçoivent	ils recevaient	ils reçurent	ils **recevront**
53. devoir	je dois	je devais	je dus	je **devrai**
	tu dois	tu devais	tu dus	tu **devras**
devant	il doit	il devait	il dut	il **devra**
dû	n. devons	n. devions	n. dûmes	n. **devrons**
(due, dus, dues)	v. devez	v. deviez	v. dûtes	v. **devrez**
	ils doivent	ils devaient	ils durent	ils **devront**
54. pouvoir	je **peux (puis)**	je pouvais	je pus	je **pourrai**
	tu **peux**	tu pouvais	tu pus	tu **pourras**
pouvant	il peut	il pouvait	il put	il **pourra**
pu	n. pouvons	n. pouvions	n. pûmes	n. **pourrons**
	v. pouvez	v. pouviez	v. pûtes	v. **pourrez**
	ils peuvent	ils pouvaient	ils purent	ils **pourront**
55. émouvoir	j' émeus	j' émouvais	j' émus	j' **émouvrai**
	tu émeus	tu émouvais	tu émus	tu **émouvras**
émouvant	il émeut	il émouvait	il émut	il **émouvra**
ému	n. émouvons	n. émouvions	n. émûmes	n. **émouvrons**
	v. émouvez	v. émouviez	v. émûtes	v. **émouvrez**
	ils émeuvent	ils émouvaient	ils émurent	ils **émouvront**

条件法	接続法		命令法	同型
現在	現在	半過去		
je conclurais tu conclurais il conclurait n. conclurions v. concluriez ils concluraient	je conclue tu conclues il conclue n. concluions v. concluiez ils concluent	je conclusse tu conclusses il conclût n. conclussions v. conclussiez ils conclussent	conclus concluons concluez	
je romprais tu romprais il romprait n. romprions v. rompriez ils rompraient	je rompe tu rompes il rompe n. rompions v. rompiez ils rompent	je rompisse tu rompisses il rompît n. rompissions v. rompissiez ils rompissent	romps rompons rompez	**interrompre**
je vaincrais tu vaincrais il vaincrait n. vaincrions v. vaincriez ils vaincraient	je vainque tu vainques il vainque n. vainquions v. vainquiez ils vainquent	je vainquisse tu vainquisses il vainquît n. vainquissions v. vainquissiez ils vainquissent	vaincs vainquons vainquez	**convaincre**
je recevrais tu recevrais il recevrait n. recevrions v. recevriez ils recevraient	je reçoive tu reçoives il reçoive n. recevions v. receviez ils reçoivent	je reçusse tu reçusses il reçût n. reçussions v. reçussiez ils reçussent	reçois recevons recevez	**apercevoir** **concevoir**
je devrais tu devrais il devrait n. devrions v. devriez ils devraient	je doive tu doives il doive n. devions v. deviez ils doivent	je dusse tu dusses il dût n. dussions v. dussiez ils dussent	dois devons devez	注命令法はほとんど用いられない.
je pourrais tu pourrais il pourrait n. pourrions v. pourriez ils pourraient	je **puisse** tu **puisses** il **puisse** n. **puissions** v. **puissiez** ils **puissent**	je pusse tu pusses il pût n. pussions v. pussiez ils pussent		注命令法はない.
j' émouvrais tu émouvrais il émouvrait n. émouvrions v. émouvriez ils émouvraient	j' émeuve tu émeuves il émeuve n. émouvions v. émouviez ils émeuvent	j' émusse tu émusses il émût n. émussions v. émussiez ils émussent	émeus émouvons émouvez	**mouvoir** ただし過去分詞は mû (mue, mus, mues)

不定法 現在分詞 過去分詞	直説法			
	現在	半過去	単純過去	単純未来
56. savoir *sachant* *su*	je sais tu sais il sait n. savons v. savez ils savent	je savais tu savais il savait n. savions v. saviez ils savaient	je sus tu sus il sut n. sûmes v. sûtes ils surent	je **saurai** tu **sauras** il **saura** n. **saurons** v. **saurez** ils **sauront**
57. voir *voyant* *vu*	je vois tu vois il voit n. voyons v. voyez ils voient	je voyais tu voyais il voyait n. voyions v. voyiez ils voyaient	je vis tu vis il vit n. vîmes v. vîtes ils virent	je **verrai** tu **verras** il **verra** n. **verrons** v. **verrez** ils **verront**
58. vouloir *voulant* *voulu*	je **veux** tu **veux** il veut n. voulons v. voulez ils veulent	je voulais tu voulais il voulait n. voulions v. vouliez ils voulaient	je voulus tu voulus il voulut n. voulûmes v. voulûtes ils voulurent	je **voudrai** tu **voudras** il **voudra** n. **voudrons** v. **voudrez** ils **voudront**
59. valoir *valant* *valu*	je **vaux** tu **vaux** il vaut n. valons v. valez ils valent	je valais tu valais il valait n. valions v. valiez ils valaient	je valus tu valus il valut n. valûmes v. valûtes ils valurent	je **vaudrai** tu **vaudras** il **vaudra** n. **vaudrons** v. **vaudrez** ils **vaudront**
60. s'asseoir *s'asseyant*[1] *assis*	je m'assieds[1] tu t'assieds il **s'assied** n. n. asseyons v. v. asseyez ils s'asseyent	je m'asseyais[1] tu t'asseyais il s'asseyait n. n. asseyions v. v. asseyiez ils s'asseyaient	je m'assis tu t'assis il s'assit n. n. assîmes v. v. assîtes ils s'assirent	je m'**assiérai**[1] tu t'**assiéras** il s'**assiéra** n. n. **assiérons** v. v. **assiérez** ils s'**assiéront**
s'assoyant[2]	je m'assois[2] tu t'assois il s'assoit n. n. assoyons v. v. assoyez ils s'assoient	je m'assoyais[2] tu t'assoyais il s'assoyait n. n. assoyions v. v. assoyiez ils s'assoyaient		je m'**assoirai**[2] tu t'**assoiras** il s'**assoira** n. n. **assoirons** v. v. **assoirez** ils s'**assoiront**
61. pleuvoir *pleuvant* *plu*	il pleut	il pleuvait	il plut	il **pleuvra**
62. falloir *fallu*	il faut	il fallait	il fallut	il **faudra**

条件法	接続法		命令法	同型
現在	現在	半過去		
je saurais tu saurais il saurait n. saurions v. sauriez ils sauraient	je **sache** tu **saches** il **sache** n. **sachions** v. **sachiez** ils **sachent**	je susse tu susses il sût n. sussions v. sussiez ils sussent	**sache** **sachons** **sachez**	
je verrais tu verrais il verrait n. verrions v. verriez ils verraient	je voie tu voies il voie n. voyions v. voyiez ils voient	je visse tu visses il vît n. vissions v. vissiez ils vissent	vois voyons voyez	**revoir**
je voudrais tu voudrais il voudrait n. voudrions v. voudriez ils voudraient	je **veuille** tu **veuilles** il **veuille** n. voulions v. vouliez ils **veuillent**	je voulusse tu voulusses il voulût n. voulussions v. voulussiez ils voulussent	**veuille** **veuillons** **veuillez**	
je vaudrais tu vaudrais il vaudrait n. vaudrions v. vaudriez ils vaudraient	je **vaille** tu **vailles** il **vaille** n. valions v. valiez ils **vaillent**	je valusse tu valusses il valût n. valussions v. valussiez ils valussent		注 命令法はほとんど用いられない.
je m'assiérais[1] tu t'assiérais il s'assiérait n. n. assiérions v. v. assiériez ils s'assiéraient	je m'asseye[1] tu t'asseyes il s'asseye n. n. asseyions v. v. asseyiez ils s'asseyent	j' m'assisse tu t'assisses il s'assît n. n. assissions v. v. assissiez ils s'assissent	assieds-toi[1] asseyons-nous asseyez-vous	注 時称により2種の活用があるが, (1)は古来の活用で, (2)は俗語調である. (1)の方が多く使われる.
je m'assoirais[2] tu t'assoirais il s'assoirait n. n. assoirions v. v. assoiriez ils s'assoiraient	je m'assoie[2] tu t'assoies il s'assoie n. n. assoyions v. v. assoyiez ils s'assoient		assois-toi[2] assoyons-nous assoyez-vous	
il pleuvrait	il pleuve	il plût		注 命令法はない.
il faudrait	il **faille**	il fallût		注 命令法・現在分詞はない.

NUMÉRAUX（数詞）

	CARDINAUX（基数）	ORDINAUX（序数）
1	**un, une**	**premier（première）**
2	deux	deuxième, second（e）
3	trois	troisième
4	quatre	quatrième
5	cinq	cinquième
6	six	sixième
7	sept	septième
8	huit	huitième
9	neuf	neuvième
10	**dix**	**dixième**
11	onze	onzième
12	douze	douzième
13	treize	treizième
14	quatorze	quatorzième
15	quinze	quinzième
16	seize	seizième
17	dix-sept	dix-septième
18	dix-huit	dix-huitième
19	dix-neuf	dix-neuvième
20	**vingt**	**vingtième**
21	vingt et un	vingt et unième
22	vingt-deux	vingt-deuxième
23	vingt-trois	vingt-troisième
30	**trente**	**trentième**
31	trente et un	trente et unième
32	trente-deux	trente-deuxième
40	**quarante**	**quarantième**
41	quarante et un	quarante et unième
42	quarante-deux	quarante-deuxième
50	**cinquante**	**cinquantième**
51	cinquante et un	cinquante et unième
52	cinquante-deux	cinquante-deuxième
60	**soixante**	**soixantième**
61	soixante et un	soixante et unième
62	soixante-deux	soixante-deuxième
70	**soixante-dix**	**soixante-dixième**
71	soixante et onze	soixante et onzième
72	soixante-douze	soixante-douzième
80	**quatre-vingts**	**quatre-vingtième**
81	quatre-vingt-un	quatre-vingt-unième
82	quatre-vingt-deux	quatre-vingt-deuxième

	CARDINAUX	ORDINAUX
90	**quatre-vingt-dix**	**quatre-vingt-dixième**
91	quatre-vingt-onze	quatre-vingt-onzième
92	quatre-vingt-douze	quatre-vingt-douzième
100	**cent**	**centième**
101	cent un	cent（et）unième
102	cent deux	cent deuxième
110	cent dix	cent dixième
120	cent vingt	cent vingtième
130	cent trente	cent trentième
140	cent quarante	cent quarantième
150	cent cinquante	cent cinquantième
160	cent soixante	cent soixantième
170	cent soixante-dix	cent soixante-dixième
180	cent quatre-vingts	cent quatre-vingtième
190	cent quatre-vingt-dix	cent quatre-vingt-dixième
200	**deux cents**	**deux centième**
201	deux cent un	deux cent unième
202	deux cent deux	deux cent deuxième
300	**trois cents**	**trois centième**
301	trois cent un	trois cent unième
302	trois cent deux	trois cent deuxième
400	**quatre cents**	**quatre centième**
401	quatre cent un	quatre cent unième
402	quatre cent deux	quatre cent deuxième
500	**cinq cents**	**cinq centième**
501	cinq cent un	cinq cent unième
502	cinq cent deux	cinq cent deuxième
600	**six cents**	**six centième**
601	six cent un	six cent unième
602	six cent deux	six cent deuxième
700	**sept cents**	**sept centième**
701	sept cent un	sept cent unième
702	sept cent deux	sept cent deuxième
800	**huit cents**	**huit centième**
801	huit cent un	huit cent unième
802	huit cent deux	huit cent deuxième
900	**neuf cents**	**neuf centième**
901	neuf cent un	neuf cent unième
902	neuf cent deux	neuf cent deuxième
1000	**mille**	**millième**

1 000 000 | **un million** | **millionième** || 1 000 000 000 | **un milliard** | **milliardième**